Karam Khella
Sozialarbeit von unten

Karam Khella

Handbuch der Sozialarbeit und Sozialpädagogik

Band 1:	Einführung in die Sozialarbeit und Sozialpädagogik Teil 1: Gesellschaftliche Grundlagen Teil 2: Die soziale Frage in der Bundesrepublik
hier:	Teil 3: Sozialarbeit von unten – Praktische Methoden fortschrittlicher Sozialarbeit
Band 2:	Theorie und Praxis der Sozialarbeit und Sozialpädagogik
Band 3:	Wörterbuch der Sozialarbeit, Sozialpädagogik und Sonderpädagogik

ISBN 978-3-921866-45-6
Nachdruck 2023 (nach der ersten Auflage 1982)
Theorie und Praxis Verlag
Goldbachstr. 2
22765 Hamburg
info@tup-verlag.com

Karam Khella

Sozialarbeit von unten

Praktische Methoden fortschrittlicher Sozialarbeit

THEORIE UND PRAXIS

Inhaltsverzeichnis

Vorwort

Der vorliegende Band schließt die Lücke im „**Handbuch der Sozialarbeit und Sozialpädagogik**"; er liefert den praktischen Methodenteil. Der erste Teil der Einführung war längst vergriffen, bevor ich mit dem Rest des Gesamtwerks fertig war. Ich habe es für richtiger gefunden, erst die gesamte Arbeit abzuschließen, bevor ich den ersten Teil des Einführungsbandes neu bearbeite und aktualisiere. Bekanntlich handelt es sich dort um ein umfangreiches empirisches Material; dies auf den neuesten Stand der Entwicklung zu bringen und zu vervollständigen ist eine sehr zeitaufwendige Aufgabe. Die Herstellung des Manuskriptes für die neue Auflage ist soweit fortgeschritten, daß der Leser damit demnächst rechnen kann. Dies möge jeder, der mich hierzu angefragt hat, als persönliche Antwort auffassen.
Der Zuspruch und die unerwartet große Aufgeschlossenheit gegenüber einer bescheidenen Veröffentlichung habe ich als Unterstützung und Aufforderung zur Weiterarbeit aufgefaßt. Als bedeutsamster persönlicher Gewinn aus der Veröffentlichung der Bücher hat sich mein Bekanntenkreis sehr erweitert. Bald stellte sich heraus, daß in diesem Leserkreis ein sehr „*gefährliches*" Potential steckt. In den Situationen meiner konkreten Verfolgung durch Kultusministerien, Hochschuladministration und Ausländerpolizei erwies sich die „*Leserschaft*" als mächtige Solidaritätsbasis. Meine individuelle Hilflosigkeit gegen Behörden und privatkapitalistische Presse verschwand in der festen Widerstandsfront. Diese konkrete Solidaritätserfahrung ist lebensgeschichtlich zum entscheidenden verhaltensbestimmenden Faktor meiner gesellschaftlichen Praxis geworden. Ich weiß eben, daß ohne die konkrete Solidarität ich „*erledigt*" worden wäre. Wenn ich den Ausdruck „*Solidarität*" gebrauche, dann im Rahmen eines eigenen Erfahrungswertes.

1. Kapitel
Sozialarbeit von oben

„*Sozialarbeit von unten*" ist eine Antithese zur etablierten, offiziell geförderten, von den staatlichen oder „*freien*" Trägern getragenen Sozialarbeit. Amtlich wird sie natürlich nicht „Sozialarbeit von oben" genannt, sondern z.B. „*Sozialarbeit auf dem Boden der freiheitlich-demokratischen Grundordnung*" usw. Bevor wir die Grundlagen und Methode der Sozialarbeit von unten entwickeln, müssen wir kurz die „*Sozialarbeit von oben*" exemplarisch darstellen.

Sozialarbeit von oben

Übersicht
1. Aufgaben und Ziele der Sozialarbeit
2. Sozialstaatsillusion
3. Ursachen des sozialen Elends
4. Gesellschaftliche Zusammenhänge, Gesellschaftsbild
5. Anwendung des Ausdrucks „*Randständigkeit*"
6. Sozialarbeit zur Anpassung
7. Anwendungsbereiche und Arbeitsfelder der Sozialarbeit
8. Zum Selbstverständnis des Sozialarbeiters
9. Soziale Einzelfallhilfe
10. Methoden der Sozialarbeit

Die gesamte institutionalisierte sozialpädagogische Lehre läßt sich treffend als „*Sozialarbeit von oben*" charakterisieren. Wir wollen dies exemplarisch darstellen. Wir wählen ein besonders an Fachhochschulen sehr verbreitetes Lehrbuch als Beispiel. Ich wählte *Walter A. Friedländer's „Grundbegriffe und Methoden der Sozialarbeit"*[1].

---

[1] vgl. A. Friedländer, „Grundbegriffe und Methoden der Sozialarbeit"

Aufgaben und Ziele der Sozialarbeit

„Die Ideale der Demokratie (ethische und geistige Gleichheit, Freiheit der persönlichen Entfaltung, Freiheit der Rede- und Meinungsäußerung) sind bisher noch nicht vollkommen in unserer Gesellschaft verwirklicht; die Sozialarbeit zielt auf ihre Verwirklichung ab." (...)

„Diese Aufgabe wird durch soziale Einrichtungen wie Wohlfahrtsorganisationen, Schulen, Krankhäuser, Kliniken, Arbeitsämter, Kirchen, Gerichte usw. angegangen (...) das Wohlbefinden der Einzelnen mit der Wohlfahrt der Gesellschaft, in der sie leben, in Einklang zu bringen." (...)

„Die Sozialarbeit versucht, Individuen, Gruppen und Gemeinden zu helfen, den höchstmöglichen Grad von sozialem, geistigem und leiblichem Wohlbefinden zu erreichen. ... indem sie ihnen (den Hilfsbedürftigen), die zu ihrem Wohle geschaffenen Hilfsquellen der Gemeinde erklärt". (...)

„Verbesserung der allgemeinen sozialen Bedingungen durch Anhebung des gesundheitlichen und wirtschaftlichen Standards und durch Befürwortung besserer Wohn- und Arbeitsbedingungen und einer konstruktiven sozialen Gesetzgebung". Soziale Gegebenheiten sollen nicht als gegeben hingenommen werden, sondern als Realität, die veränderbar ist.

Sozialstaatsillusion

Der gesamten institutionalisierten sozialpädagogischen Literatur ist die Verbreitung der Sozialstaatsillusion eigen. Die Autoren sehen immer noch nicht ein, daß das Problem des Klienten u.a. auch in der Auseinandersetzung mit der Sozialbürokratie besteht. Gerade weil das System der sozialen Sicherung unfähig ist. Deklassierte wiedereinzugüedem, versagt die institutionalisierte Sozialarbeit. „*Die Zahl der Klienten steigt ständig an*". Vielmehr glauben die Autoren an die Sozialstaatsillusion. Die Sozialarbeit braucht ja nur die Klienten zu den sozialen Einrichtungen des Staates oder der freien Träger hin zu führen. Deshalb haben die bürgerlichen Autoren keine Schwierigkeit, einen phantastischen Aufgabenkatalog für die Sozialarbeit aufzustellen. Sie selbst scheinen nie in Berührung mit sozialem Elend gekommen zu sein. Die von ihnen aufgestellten Ziele brauchen sie selber ja nicht umzusetzen. Friedländer faßt die Aufgabe der Sozialarbeit lapidar: für den Klienten „*ein erfülltes und befriedigendes Leben aufzubauen*" und „... *allen Bürgern einen angemessenen Lebensstandard, soziale Sicherheit und die Befriedigung des allgemeinmenschlichen Bedürfnisses nach Liebe, Akzeptiertwerden, Anerkennung und sozialem Status zu sichern.*"

Friedländer sieht keine Probleme auf dem Weg der Verwirklichung seiner Vorstellungen. Die Sozialarbeiter brauchen ja nur für Klienten „... *grundlegende wirtschaftliche Sicherheit oder Sozialhilfe, aus der Realisierung von Versorgungsansprüchen oder aus freiwilliger Unterstützung durch soziale Einrichtungen zu erlangen. ... Hilfe durch Hinweis auf Nutzung anderer Einrichtungen der Gemeinde (Arbeitsvermittlung, Berufsberatung, Gesundheitsdienst, psychiatrische Behandlung, kulturelle, berufliche und schulische Fortbildung, Rehabilitation und Möglichkeiten der Erholung und Freizeitgestaltung*".

Soziales Elend und seine Ursachen

Bei Friedländer taucht der Begriff „*soziales Elend*" nicht auf. Das ist auch verständlich, denn es ist mit seinem Bild von der Gesellschaft der BRD unvereinbar. Friedländer kennt nur „*Belastungssituationen*" und „*Probleme bei der Rollenanpassung*". Das Individuum scheitert durch sein persönliches Versagen und gerät so in die Krise mit der Gesellschaft. Eine Situation wird nach Friedländer als belastend bezeichnet, wenn eine Neueinstellung der Rollenbeziehungen und Neueinweisung von sozialen Rollenfunktionen in einer weiterbestehenden Primärgruppe erfolgen müssen. Da Friedländer nicht vom sozialen Elend ausgeht, findet man auch keine Ursachen dafür, sondern nur „*Ursachen*" für „*Belastungssituationen*".

„*Ursachen*" für „*Belastungssituationen*" sind seiner Meinung nach:
a) Gleichgewichtsstörungen;
b) unterschiedliche Anpassungsfähigkeiten;
c) unglückselige Erfahrungen in der Kindheit;
d) mangelnde Ich-Stärke;

e) Ich-Funktionen weichen vom Normalen ab;
f) verzerrte Auffassungen der Realität;

Ein Beispiel für den letzten Punkt, nämlich was Friedländer als verzerrte Auffassung der Realität ansieht: „*So werden z.B. Autoritätspersonen immer als böswillig angesehen, sei es nun der gegenwärtige Arbeitgeber des Klienten, sein früherer Chef, seine Lehrer während der Schulzeit, der Führer der gleichaltrigen Gruppe, der er als Kind angehörte, oder sein Vater. Oder Personen im gleichen Rang werden immer für Konkurreten gehalten, die einen aus der gegenwärtigen Position verdrängen wollen – die Kollegen, ein Freund der Familie, Kindheitsgefährten, der Bruder oder die Schwester*" (S. 69).

Alte, Blinde, Minderjährige, Körperbehinderte, unverheiratete Mütter, schlecht angepaßte Schüler, schlechte Patienten sind Fälle für den Sozialarbeiter, da sie die sozialen Rollenerwartungen der Gesellschaft nicht erfüllen. Weil Friedländer von der Rollentheorie ausgeht, kommt er zu dem Schluß, daß jeder Sozialfall sich von anderen unterscheidet. Der Grundsatz der Individualisierung erinnert den Sozialarbeiter an die Einmaligkeit und Differenziertheit einer spezifischen Situation.

Gesellschaftliche Zusammenhänge, Gesellschaftsbild

Friedländer geht von der demokratischen Gesellschaft aus, die gekennzeichnet ist durch ethische und geistige Freiheit, Freiheit der persönlichen Entfaltung, freie Wahl der Chancen, fairem Wettbewerb, einem gewissen Grad von persönlicher Unabhängigkeit, Freiheit der Rede und Meinungsäußerung und gleiche Chancen für alle, begrenzt allein durch die angeborenen Fähigkeiten des Individuums. „*Diese Ideale der Demokratie sind bisher noch nicht vollkommen in unserer Gesellschaft verwirklicht, die Sozialarbeit zielt auf ihre Verwirklichung ab*". Dennoch: „*Eine wesentliche Aufgabe des Sozialarbeiters ist es, seine tiefe Überzeugung von der Gleichheit aller Menschen verschiedener Rasse, Religion, Hautfarbe und Klasse den Mitgliedern der Gruppe zu vermitteln*" (S. 7). „*Sozialarbeit von heute (dagegen) verliert ihren Klassencharakter. Ihre Einrichtungen dienen der Verbesserung der Bedingungen für* ***alle*** *Klassen der* ***gesamten*** *Gemeinde*" (S. 9). Besonders aus dem letzten

Satz wird die systemtragende Funktion der Sozialarbeit, die Friedländer lehrt, deutlich.

Anwendung des Ausdrucks „Randständigkeit"

Klienten der Gruppen Alte, Blinde, Körperbehinderte, Minderjährige nehmen laut Friedländer eine randständige oder abweichende Rolle ein. Randständigkeit und Abweichung der sozialen Rolle von der Norm beinhalten eine zusätzliche Belastung der Klienten dieser Gruppen, da die Gesellschaft *„in ihrer formalen Struktur nicht darauf angelegt (ist), Personen in diesen Rollendispositionen zu unterstützen"*, und ihre Mitglieder nicht durch entsprechende Verhaltensweisen und Anpassungsarten auf diese abweichenden Rollen vorbereitet.
Es werden ferner angeführt Klienten aus den Gruppen der Arbeitslosen, der Straffälligen, der Strafgefangenen, der zur Bewährung Entlassenen, der hilflosen und ratsuchenden Reisenden, der Familien und der Angehörigen von zum Wehrdienst Einberufenen, der psychiatrischen Patienten und ihren Familien usw.

Sozialarbeit zur Anpassung

Der gedankliche „rote Faden" der Sozialarbeit von oben ist die **Anpassungstheorie**. Entsprechend nimmt sie bei Friedländer eine zentrale Stellung ein. Die Funktion der Anpassung besteht darin *„Abweichendem"* zur Übereinstimmung mit der Norm zu verhelfen. Somit schließt sich das Begriffsinstrumentarium der Anpassungstheorie: *„Norm"*, *„abweichendes Verhalten"*, *„Randständigkeit"* und schließlich *„Anpassung"*, die zur Beseitigung des unzulässigen Abweichungsgrades eingreift. Der Ausdruck der Randständigkeit wird von Friedländer als abweichendes Verhalten der sozialen Rolle von der Norm definiert. Der Sozialarbeiter hat die Aufgabe, dort helfend einzugreifen, wo sich Rollenkonflikte ergeben und nach Anpassung verlangen. Die Anpassungsschwierigkeiten der Randständigen ergeben sich aus dem *„Gleichgewichtsmangel zwischen innerpersönlichen biologischen und psychologischen Stärken und Fähigkeiten und den sich ändernden Anforderungen sozialer Rollen, die damit an den Einzelnen gestellt werden."*

Friedländer versteht Anpassung als „*Hilfe ohne Zwang zur Konformität*". Er macht jedoch eine „*Ausnahme*", nämlich dann, wenn dieses Verhalten als „*asozial*" bewertet wird.

Nicht Friedländer und andere gleichgesinnte Autoren, sondern wir nennen ihren Ansatz „**Anpassungspädagogik**", da er selbst das Lernziel als Erlernen einer sozialen Rolle versteht, die den herrschenden Verhältnissen angepaßt ist. Genauer: Wer in dieser Gesellschaft will, das ihm geholfen wird, muß seine Rolle so umfunktionieren, daß sie dem System dient, daß der Staat sie akzeptiert („*Sonst fliegt er raus*", Albrecht, Ministerpräsident von Niedersachsen). Friedländer schreibt: „*... Einzelnen und Gruppen zu helfen, den besten Weg zu einer befriedigenden Lösung zu finden, ohne sie zur Konformität zu zwingen, es sei denn, ihr Verhalten und ihr Handeln beeinträchtigen Wohlergehen und Rechte anderer – asoziales Verhalten und Handeln können von der Sozialarbeit nicht unterstützt werden*".

Anwendungsbereiche und Arbeitsfelder der Sozialarbeit

Der Bereich der Sozialarbeit soll umfassen:
- Hilfen für benachteiligte und hilfsbedürftige Individuen und Gruppen (z.B. Kranke, körperlich oder geistig Behinderte, Erwerbsunfähige, Alte, Angehörige von Minderheitsgruppen etc.);
- Hilfen zum Schutz benachteiligter und gefährdeter Sondergruppen (z.B. Kriegsgeschädigte, Vertriebene und Flüchtlinge, Opfer von Naturkatastrophen etc.);
- Hilfen jugendschützerischer, jugendpflegerischer und jugendbildender Art, für Kinder und Jugendliche und entsprechende Hilfen für vergleichbare Gruppen (wie Alte, Minderheiten, Gastarbeiter und andere von Isolierung bedrohte und deshalb der Integration in das Gemeinwesen bedürftige Gruppen).

Ferner ist die Tätigkeit von Sozialhelfern in folgenden sozialen Diensten notwendig und üblich:
- Sozialhilfe und -Versicherung;
- Familien-, Kinder- und Jugendhilfe;
- Gesundheitsdienste etc., psychohygienische Einrichtungen;

- Bewährungshilfe und Gefängnisfürsorge;
- Jugendfreizeithilfen;
- Berufsberatung und Arbeitsvermittlung;
- Internationale Sozialdienste;

Zum Selbstverständnis des Sozialarbeiters

Dem bisher vorherrschenden Denkmodell „*Behörde – Untertan*" in der Klient-Sozialarbeiter-Beziehung setzt Friedländer seitens des Sozialarbeiters die Vorstellung von der „*Partnerschaftlichkeit der helfenden Beziehung*" entgegen, die u.a. aus dem Rechtsanspruch des Klienten auf Hilfe resultiert. Der Sozialarbeiter soll dem Klienten „*positive Anteilnahme*" entgegenbringen, ihn dabei voll als Person mit ihren Wünschen und Zielen akzeptieren und im übrigen nur eine stützende Funktion ausüben – also Hilfe zur Selbsthilfe betreiben. Das Prinzip der Selbstkontrolle ist für ihn sehr wichtig: ob er durch eigene Wertmaßstäbe einen Klienten manipuliert, ob er in die Beziehung zu einem Klienten persönliche Zu- oder Abneigung einbringt (sein Ziel ist die Entwicklung des Ichs des Klienten, nicht seines eigenen), ob er sich mit einem Klienten identifiziert oder in diesem eine tiefe emotionale Bindung an sich fördert (was er nicht soll). In seiner Arbeit stützt sich der Sozialarbeiter auf empirisch fundierte, wissenschaftliche Erkenntnisse (verschiedener Disziplinen) und orientiert sich an den Richtlinien, die ihm von der sozialen Einrichtung, in der er seine berufliche Rolle ausübt, in „*Übereinstimmung mit den von der Gesellschaft vorgezeichneten Zielen*" vorgegeben werden.

Soziale Einzelfallhilfe

a) Allgemeine Prinzipien: sie lassen sich in der sozialen Einzelhilfe unter allen Bedingungen und von Anfang an anwenden.

1. Der Grundsatz des Akzeptierens: Der Sozialarbeiter respektiert den Klienten unter allen Umständen als Person, nimmt positiv Anteil an dessen Problemen und bemüht sich um Verständnis für ihn.
2. Der Grundsatz der Kommunikation: Der Sozialarbeiter soll einerseits dem Klienten verdeutlichen, welche Möglichkeiten und Bedingungen die Beziehung Klient-Sozialarbeiter überhaupt beinhaltet, und ver-

langt andererseits vom Klienten Aufklärung über dessen Belastungssituation.

3. Der Grundsatz der Individualisierung: Der Sozialarbeiter muß anerkennen, daß jeder Klient ein Individuum mit einzigartigen Problemen und Bedürfnissen ist, auch wenn seine Situation denen anderer Klienten ähnelt. Die Hilfe muß den besonderen Bedürfnissen eben dieses Klienten angepaßt sein.
4. Der Grundsatz der aktiven Beteiligung (des Klienten an seiner Behandlung): Sozialarbeit soll die Ich-Kräfte und das Selbstwertgefühl des Klienten stärken, deshalb soll der Klient auch aktiv an der Lösung seines Problems mitarbeiten und letztlich die Verantwortung für viele Entscheidungen in diesem Prozeß übernehmen (= Prinzip der Selbstbestimmung des gesellschaftlich isolierten Klienten).
5. Prinzip der Vertraulichkeit: Der Klient muß sich darauf verlassen können, daß ohne seine ausdrückliche Zustimmung kein Dritter etwas über seine Gespräche mit dem Sozialarbeiter erfährt. Da die Rechtslage nicht ganz klar ist und der Sozialarbeiter auch eine Verantwortung gegenüber der Gesellschaft hat, sollte der Sozialarbeiter den Klienten allerdings vor dem Geständnis einer Straftat darüber aufklären, daß er in einem solchen Fall für eine Vertraulichkeit nicht garantieren kann.
6. Der Grundsatz der Selbstkontrolle des Sozialarbeiters: Der Sozialarbeiter muß sich darüber im Klaren werden, inwieweit seine eigenen Gefühle, Anschauungen und Wertvorstellungen sein Verhältnis zum Klienten und dessen Problem beeinflussen.

b) Differentielle Prinzipien: Sie werden je nach den herrschenden Voraussetzungen unterschiedlich und von Fall zu Fall angewandt. Der Sozialarbeiter muß also den Klienten und sein Problem bereits kennen, um differentielle Prinzipien anwenden zu können.

1. Umweltveränderung und Ich-Stützung: Wenn ein Klient sich in einer augenblicklichen Belastungssituation befindet, aber ein starkes Ich besitzt und sich relativ gut in seine neue Rollen einfindet, so beschränkt sich soziale Hilfe darauf, die äußeren Bedingungen zu verändern (z.B. Arbeitsplatzvermittlung und finanzielle Hilfen).
   Andererseits soll sich der Sozialarbeiter auch bei Klienten mit einem sehr schwachen Ich, wie z.B. bei besonders unreifen, geistig zurückgebliebenen, senilen und leicht psychotischen Personen darauf beschränken, das Ich des Klienten zu stützen und seine Umwelt, etwa durch Schaffung bestimmter sozialer Rollen für den Klienten, so zu

verändern, daß er in ihr leben kann, denn bisher kennt die Sozialarbeit keine Möglichkeit, bei solchen Personen Veränderungen des Ichs herbeizuführen.

2. Klärung der Auswirkungen und der Bedeutung bestimmter Verhaltensweisen: Wenn ein Klient mit verhältnismäßig starken Ich-Kräften relativ gut mit einer Belastungssituation fertig wird, nur in bestimmten Teilen nicht, so muß der Sozialarbeiter die Bedeutung solcher hinderlichen Verhaltensweisen und ihre Auswirkungen in der Belastungssituation verdeutlichen und so dem Klienten die Möglichkeit zum Abbau dieses Verhaltens schaffen.
3. Das Aufdecken der *„vergessenen Ursachen des Verhaltens"*: Wenn in erster Linie innerseelische Hemmungen eine befriedigende Anpassung an eine geforderte Rolle verhindern und wenn die Ich-Funktionen des Klienten auf hohem Niveau liegen (also nicht bei psychotischen oder sehr verstörten Klienten), sollten in einer längerfristigen Behandlung *„vergessene"* Ursachen bestimmter behinderter Verhaltensweisen aufgedeckt werden, so daß der Klient sein Verhalten verstehen und ändern kann.

Methoden der Sozialarbeit

1. Einzelfallhilfe: Einzelpersonen in Konfliktsituationen zu helfen, wobei der Klient seine Bedürfnisse selbst erkennen soll;
2. Gruppenhilfe: Ziel: Hilfe zur Selbstbestimmung in der Gruppe, schöpferische und befriedigende Tätigkeiten, gemeinsames Arbeiten und Spielen. Der Sozialarbeiter hat dabei nur stützende und beratende Funktion.
3. Gemeinwesenarbeit: in erster Linie aufgaben- oder zielbezogen (im Gegensatz zur Einzelhilfe = bedürfnisbezogen oder therapiegerichtet); nicht Veränderung der sozialen Anpassung der einzelnen Gemeindemitglieder, sondern direkt Veränderung in der Gemeindesituation.

* * *

Nun sehen wir einmal von ihrer tatsächlichen Funktion und Zielsetzung ab, und fragen wir, ob die institutionalisierte Sozialarbeit ihren eigenen Anspruch etwa *„Randgruppen zu sozialisieren"* eingelöst hat. Die Realität zeigt das Gegenteil. Sie selbst mußte feststellen: „*Die Zahl der Klienten steigt ständig an*".[2] Der Urheber dieses Urteils, der Gesamtvorstand der Bundesvereinigung der kommunalen Spitzenverbände gibt keine Gründe für den Mißerfolg an. Die Deutsche Gesellschaft für Erziehungswissenschaft – Kommission Sozialpädagogik lastet den Mißerfolg den Methoden an und schreibt: „... *die genannten Vorgänge und Versuche einer kritischen Selbstevaluation (haben) zu erheblichen Zweifeln geführt, ob die traditionellen professionellen Orientierungen Methoden und Organisation der SA/SP den gegebenen sozialen Problemen auch nur annähernd gerecht werden können*".[3]

---

2 Feststellung des Gesamtvorstandes der Bundesvereinigung der kommunalen Spitzenverbände vom 14.9.1976 (Aktenzeichen: 4/31-02) Umdruck Nr. K. 1929. S. 3

3 Deutsche Gesellschaft für Erziehungswissenschaft – Kommission Sozialpädagogik, Bericht über die Arbeit der Kommission Sozialpädagogik 1978-1980, Redaktion Christian Marzahn, Bremen, Februar 1980

2. Kapitel
Antisozialpädagogik
Ablehnung der Sozialarbeit

Als „**Antisozialpädagogik**" oder „**Gegenpädagogik**" bezeichne ich Strömungen, die prinzipiell diese Institutionen ablehnen. Die Gründe dafür können sehr unterschiedlich sein. Im folgenden beziehe ich mich auf eine Haltung, die eine große Verbreitung gefunden hat. Das Ausmaß dieser Verbreitung kann man an der Auflagenhöhe des Werkes „*Sozialarbeit unter kapitalistischen Bedingungen*" von **Walter Holstein** und **Marianne Meinhold** (Herausgeber)[4] erkennen. Aus der berechtigten Kritik an der Institution „*Sozialarbeit*" leiten die Autoren fehlerhafte Konsequenzen ab.

Die Thesen von Hollstein und Meinhold zur Funktion der Sozialarbeit werden wie folgt zusammengefaßt:

1. Reproduktionsagentur

a. *Sozialarbeit hat sich um die Erhaltung des Arbeitskraftpotentials der bestehenden Gesellschaft zu kümmern. Wie die Konsum- (Nahrung, Kleidung u.a.) und die Kulturindustrie (Unterhaltung, Ablenkung u.a.) sorgt die Sozialarbeit für die Reproduktion der Ware Arbeitskraft.*

b. *Sozialarbeit kümmert sich im besonderen um jene Lohnarbeiter, die aufgrund des sozio-psychischen Drucks, der alltäglich auf sie ausgeübt wird, als Arbeitskräfte psychisch und physisch untauglich zu werden drohen.*

c. *Die Sozialarbeit pflegt eine industrielle Reservearmee, die in ökonomischen Hoch-Zeiten eingesetzt werden* kann.

2. Sozialisationsagentur

a. *Sozialarbeit reproduziert die gültigen Normen und Werte der bestehenden Gesellschaft und vermittelt sie den Klienten in sozialtherapeutischer Absicht (Preisung von Lei-*

---

[4] Hollstein, W., M. Meinhold (Hrsg.), Sozialarbeit unter kapitalistischen Produktionsbedingungen, Bielefeld (5. Auflage) 1980, Seiten 205-207

stung, Pflicht, Gehorsam, Treue, Familie u.a. vor allem in Erziehungs-, Ehe- und Familienberatung).

b. *Sozialarbeit wacht wie andere staatliche Institutionen (Polizei, Justiz) über die Einhaltung der offiziellen Normen. Wer letztere zu befolgen verspricht, wird belohnt (Unterstützung, Hilfe).*

c. *Sozialarbeit psychologisiert und subjektiviert die anstehenden Probleme (Einzelfallhilfe). Dadurch, daß sie dem Klienten die Schuld an Mißständen anlastet, die gesellschaftlich bedingt sind, überfordert sie ihn sozio-psychisch bewußt, um ihn besser der bestehenden Gesellschaft (Leistungsdruck) anzupassen.*

d. *Sozialarbeit fördert gesellschaftliches Wohlverhalten (‚mechanistische' Anpassung), statt für gesellschaftliches Wohlbefinden zu sorgen.*

3. Kompensationsagentur

a. *Sozialarbeit gleicht individuell die Mängel, Widersprüche und Ungerechtigkeiten des sozialen Systems aus, die dieses aufgrund seiner Klassenstruktur kollektiv schafft.*

b. *Sozialarbeit verdeckt die Widersprüche zwischen*
– vergesellschafteter Arbeit und privater Aneignung der Arbeitsprodukte;
– gesellschaftlichem Reichtum und individueller Kapitalbildung;
– Sozialstaatsidee und Sozialstaatswirklichkeit;
– verbürgter Chancengleichheit und praktizierter Ungleichheit;
– Hochentwicklung der Produktivkräfte und Perpetuierung schlechter Arbeitsbedingungen u.a.

c. *Sozialarbeit gleicht Defizite aus. Durch die ‚Überkapitalisierung' des privatwirtschaftlichen Sektors und die damit verbundene ‚Unterkapitalisierung' des (öffentlichen Sektors ergeben sich Mängelerscheinungen in der gesellschaftlichen Infrastruktur, die für den sozio-ökonomischen Reproduktionsprozeß unentbehrlich ist (Schulen, Krankenhäuser, Freizeitstätten, Hygiene, Wohnungsbau u.ä.).*

d. *Sozialarbeit zeigt sich als das schlechte Gewissen einer schlechten Gesellschaft.*

4. Oppressionsagentur

a. Sozialarbeit schützt die Gesellschaft vor den möglichen Auswirkungen abweichenden Verhaltens, indem sie dieses administriert und fragmentiert.

b. Sozialarbeit läßt ‚soziale Fälle' aktenkundig werden und hält sie dadurch unter Kontrolle (wie Polizei und Justiz).

c. Sozialarbeit diszipliniert nur die Abweichung der materiell Unterprivilegierten.

d. Sozialarbeit verschleiert die systembedingten Ungerechtigkeiten durch materiellen und ideellen Trost (Pflästerchen-Therapie).

e. Sozialarbeit fördert in ihrem Wertsystem (z.B. subjektivistische Konfrontation Sozialarbeiter-Klient, individualistische Lösungsmuster für alle Fälle) die Ignorierung der systembedingten Mißstände. Sie vergreift sich am individuell ‚Schuldigen', nie am System.

f. Sozialarbeit verhindert dergestalt die Solidarisierung der Klienten und – über die Solidarität – den Weg zur kollektiven Aufklärung und Aktion, um die anstehenden Ungerechtigkeiten zu beseitigen.

g. Sozialarbeit intendiert die Versöhnung der abweichenden Klienten mit dem System durch Einzelhilfe (‚Psychiater der armen Leute').

h. Sozialarbeit ist die kodifizierte Angst des bestehenden Systems vor seiner Veränderung.

5. Disziplinierungsagentur

a. Sozialarbeit sorgt (direkt) für die Anpassung der Klienten an die bestehenden Gesellschaftsstrukturen.

b. Sozialarbeit sorgt (indirekt) für die Anpassung der Nicht-Klienten an die bestehenden Gesellschaftsstrukturen, indem abweichendes Verhalten als schlechtes behandelt und bereits dadurch als abschreckend dargestellt wird.

c. Die Sozialarbeit kaserniert dezidiert abweichendes Verhalten in Heimen, Arbeitshäusern u.a. und schafft unter denen, die sich konform verhalten, einerseits die Angst vor Abweichung (Strafeffekt), und andererseits das Solidaritätsgefühl, besser zu sein als die Bestraften (Kontrasteffekt).

d. Die Abweichung der Abweichler (out-group) verstärkt die Normen der bestehenden Gesellschaft in der Mehrheit (in-

> *group). Die Sozialarbeit pflegt durch ihre Aktivitäten das Feindbild, das sich die in-group von der out-group macht".*[5]

Diese Thesen bringen eine grundlegende, zutreffende Kritik an der Institution Sozialarbeit zum Ausdruck. Sie sind es wert, immer wieder diskutiert, aktualisiert und konkretisiert zu werden. Die Kritik von Hollstein/Meinhold ist zwar für sich genommen richtig, verbirgt jedoch einen entscheidenden Irrtum. Die Grundlage für diesen Irrtum ist die undialektische Herangehensweise an das zu untersuchende Phänomen Sozialarbeit. Das wollen wir im folgenden erläutern.

Es fällt auf, daß die Thesen **die** Tatsache völlig außer Acht lassen, daß die arbeitende Bevölkerung durch lange zähe Kämpfe Forderungen zur Verbesserung der sozialen Versorgung durchgesetzt und diese gegen den Widerstand des Kapitals und seinen Staat erkämpft hat. Wir erinnern als Beispiel dafür an die Einführung der Sozialversicherung. Die Arbeiter mußten bis dahin Zusehen, was mit ihren Kollegen und deren Familien passierte, wenn der Ernährer entlassen wurde, krank wurde oder starb. In langwierigem, zuweilen blutigem Kampf ist der Arbeiterbewegung 1870 der entscheidende Durchbruch mit der Einführung der Sozialversicherung gelungen. Dieser Erfolg, den man als „*sozialpolitisch*" einstuft, steht nicht allein. Sozialpädagogische und sozialarbeiterische Forderungen setzen die Belegschaften immer wieder durch, wenn sie für die Errichtung von betrieblichen Einrichtungen zur sozialen und pädagogischen Betreuung ihrer Kinder eintreten. Hollstein und Meinhold betrachten den gesellschaftlichen Prozeß so, als werde er allein von der Kapitalseite bestimmt. Diese Betrachtungsweise, die den Einfluß der Arbeiterklasse – auch dort, wo sie nicht dominiert – auf den Geschichtsprozeß ignoriert, ist – da die eine Seite des gesellschaftlichen Widerspruchs übersehen wird – einseitig, oder was dasselbe ist: undialektisch.

Hollstein und Meinhold ist vorgeworfen worden, sie ziehen mit der Parole aus: „Soziales Elend kommt vom Kapitalismus, Kapitalismus muß weg!" Falsch ist es, den antikapitalistischen Kampf mit solchen Sprüchen diffamieren zu wollen. Andererseits haben die Autoren von „*Sozialarbeit unter kapitalistischen Bedingungen*" die Bedürfnisse der Bevölkerung an unmittelbarer Versorgung hier und heute völlig aus den

[5] ebenda, Seiten 205-207

Augen verloren. Die werktätige, alleinstehende Mutter will während ihres „acht"-Stunden-Tages wissen, daß ihr Kleinkind von qualifizierten Fachkräften versorgt wird. Die sozialen Störungen bei Jugendlichen im Schulalter müssen – als Voraussetzung für die Entfaltung ihrer Widerstandskraft – fachlich betreut werden. Das ist aber ein Praxisfeld von Sozialpädagogik. Fundierte Analysen haben auch das Interesse des herrschenden Systems an der Verbreitung von Drogen aufgedeckt[6], um das Widerstandspotential der Jugendlichen zu ersticken. Für sich genommen ist dies keine Begründung einer fortschrittlichen sozialpädagogischen Praxis gegen den Drogenkonsum. Die Beispiele lassen sich fortsetzen, die zeigen, daß die Konsequenzen, die Hollstein und Meinhold aus ihrer Kritik an der Sozialarbeit ziehen, falsch sind. Sie laufen auf einen Verzicht in Bezug auf tagespolitische Forderungen hinaus. Sie verkennen die Notwendigkeit der unmittelbaren pädagogischen Versorgung der Arbeiterkinder und sozialen Versorgung der Arbeiterfamilie. Diese Haltung bedeutet eine faktische Liquidierung der sozialen Frage unter kapitalistischen Bedingungen. Die gewünschte Umwälzung der Klassengesellschaft würde durch die Liquidierung der sozialen Frage nicht gefördert, sondern gehemmt. Eine „soziale Frage" gibt es aber nur in der bürgerlichen Gesellschaft. Wir, die im sozialen Bereich Tätigen – in Praxis, Ausbildung und Lehre, sind Bestandteil der sozialen Frage. Wir haben uns zu entscheiden für eine soziale Versorgung im Dienst der arbeitenden Bevölkerung oder für eine „*Oppressionsagentur*". Eine theoretische Liquidierung der sozialen Frage würde weiterhin der Sparpolitik in die Hände spielen.

In einem Vergleich spricht Hollstein von der Sozialarbeit als die „*Krankenschwester des sterbenden Kapitalismus*". Dies kommt einer Aufforderung an die Sozialarbeiter gleich, von dem Sterbelager des Imperialismus wegzurennen, so schnell sie können. Sie wären sonst daran schuld, wenn dieses Ungeheuer weiter am Leben bleibt. Die Antisozialpädagogik entmotiviert die Mitarbeiter im sozialen Bereich und fördert den sozialen Nihilismus und pädagogischen Pessimismus. Die von der Bevölkerung hart erkämpften Bereiche der sozialen Versorgung würden eingeschränkt oder würden trockengelegt. Das kann nicht im Interesse der arbeitenden Bevölkerung sein. Diese erwartet von fortschrittlichen Autoren nicht Gleichgültigkeit gegenüber den unmittelbar anstehenden

---

6 Vgl. u.a.: Amendt, Stiehler, Sucht Profit Sucht – Politische Ökonomie des Drogenhandels, Frankfurt am Main 1972

Problemen der Versorgung und ihre Vertagung auf einen Zeitpunkt nach völliger Veränderung der gesellschaftlichen Struktur. Notwendig ist vielmehr das Eintreten für den Erhalt und Ausbau der sozialen Versorgung und dafür, daß sie an den Interessen der Bevölkerung ausgerichtet wird. Verbesserung der sozialen und pädagogischen Versorgung stärkt die Kampfkraft der Arbeiterklasse.

Die praktische Alternative zu dem Ansatz von „*Sozialarbeit unter kapitalistischen Bedingungen*" wird in den folgenden Kapiteln konkretisiert. Der Grundgedanke ist der : Sozialarbeit ist ein wichtiger Bereich der sozialen Versorgung. Die arbeitende Bevölkerung und insbesondere die Deklassierten sind auf diesen Bereich der Versorgung angewiesen. Das herrschende System instrumentalisiert zwar die Institution der Sozialarbeit zu seinem Nutzen: Es will eine staatstragende, systemloyale und herrschaftsstabilisierende Sozialarbeit. Die praktische Antwort heißt aber nicht „*Weg mit der Sozialarbeit*" (Analog den Phantastereien von Ivan Illitsch „*Schafft die Schule ab*"). Vielmehr muß die Perspektive „*Sozialarbeit im Dienst der arbeitenden Bevölkerung*" realisiert werden. Dieser Zielsetzung dienen die praktischen Methoden, die im folgenden unter dem Titel „*Sozialarbeit von unten*" entwickelt werden.

Zusammenfassung

Wenn die Kritik an der Sozialarbeit so, wie Hollstein und Meinhold formuliert haben, ohne ihre dialektische konstruktive Umkehrung stehen bleibt, heißt die Forderung: *Weigerung*! Sozialarbeiterische Untätigkeit, therapeutischer Nihilismus und pädagogischer Pessimismus können aber nicht im Interesse der werktätigen Bevölkerung sein. Um nun bei Hollstein und Meinhold vernachlässigte Dialektik herzustellen – den auf den Kopf gestellten Gegenstand (Sozialarbeit von oben) wieder auf die Füße zu stellen (Sozialarbeit von unten) – müssen wir die Kritik an der Sozialarbeit von oben in praktische Konsequenzen umkehren: Sozialarbeit von unten.

Die Funktionen der Sozialarbeit von oben lassen sich wie folgt zusammenfassen:

1. Verwaltung des sozialen Elends; Deklassierte sollen kontrollierbar bleiben.

2. Extreme Auswüchse der Verarmung und Deklassierung sollen eingeschränkt, soziales Elend soll im Zaum gehalten werden.
3. Scheinbare Entschärfung von Klassengegensätzen; der gesellschaftliche Widerspruch soll verdrängt werden.
4. Regulierung des Arbeitsmarktes.
5. Bestrafung Unangepaßter, Anpassung Sozialabhängiger.

Die Methode

Sozialarbeit von oben individualisiert den Klienten und bricht seinen Widerstand gegen das herrschende System. Ihre Methode ist die Anpassungspädagogik. Sozialarbeit von unten ergreift Partei für die Betroffenen. Sie stärkt und entwickelt ihren Widerstand zu dem System, das sie sozialabhängig machen will. Die Sozialarbeit von unten fördert den Widerstand der Betroffenen und erzieht sie dazu, sich in Konfliktsituationen zu bewähren.

3. Kapitel
Sozialarbeit von unten[7]

I. Zur Problemstellung
II. Über die historische Notwendigkeit der Sozialarbeit von unten
III. Aufbau der Sozialarbeit von unten
  1. Sensibilisierungsphase
  2. Kollektivierung
  3. Aktion
  a. Aktivierung
  b. Durchführung der Aktion
  4. Reflexion
  5. Mobilisierung
  6. Orientierung
  7. Wiedereingliederung
  8. Qualifikation
  9. Organisierung
  10. Veränderung
IV. Beispiele
V. Zusammenfassung

[7] Diese Methode wurde in der praktischen Arbeit durch die längere Erfahrung entwickelt. Ich habe sie erstmalig unter der Überschrift *„therapieorientierte Sozialarbeit"* (Khella, Wörterbuch der Sozialarbeit, Sozialpädagogik und Sonderpädagogik, Hamburg 1980[1]) veröffentlicht. Dieser Titel stellt eine Reduktion dar, da die *„Therapie"* als individuelles Verhaltenskorrektiv zwar beabsichtigt ist, dennoch ein *„Nebenprodukt"* der Gesamtaktion bleibt. Mit der Überschrift „therapieorientierte Sozialarbeit" sollte aber die Möglichkeit alternativen therapeutischen Handelns zur institutionalisierten Psychiatrie aufgezeigt werden. Außerdem sollte die therapeutische Kompetenz (= Zuständigkeit) von Sozialarbeit unterstrichen werden. Der Leser möge keinen grundsätzlichen Widerspruch zwischen den Überschriften *„Sozialarbeit von unten"* und *„Therapieorientierter Sozialarbeit"* sehen. Der hier vorgelegte Aufsatz stellt eine Erweiterung der ursprünglichen Fassung dar. Ihm folgt im nächsten Kapitel eine gesonderte Behandlung des Themas *„Therapieorientierte Sozialarbeit"*, so daß durch diese Systematik die einzelnen praktischen Leistungen der Methode deutlicher herauskommen.

Karam Khella

Zur Problemstellung

Sozialarbeit hat mit **Menschen in sozialer Not** zu tun. Diese Menschen sind an objektiven Bedingungen gescheitert. Sie haben bereits einige Versuche zur Lösung ihrer Problemlage unternommen. Ihnen ist jedoch ein Erfolg versagt geblieben. Ihre Hoffnung auf einen Ausweg aus der Krise hat sich nicht eingelöst. Sie geben womöglich auf. Sie befinden sich in einer Situation, die mit Ausdrücken wie Frustration, Resignation, Rückzug, Apathie annähernd richtig beschrieben wird. Im Jugendjargon heißt es neuerdings „*Er steigt aus*". Bei einem Teil sozial gestrauchelter Menschen ist eine Haltung bezeichnend, in der diese auf ein **Wunder** warten. Es handelt sich um die Illusion von einem bald herbeitretenden Glück, einer nahe herankommenden Lösung. Solche Illusionen sind die Kehrseite einer Medaille, die auf der anderen Seite die **Resignation** zeigt. Menschen in Not pendeln – bezeichnenderweise – zwischen Resignation und Illusion. Die Intervention von Sozialarbeitern in ihren Alltag kann sogar die eine Seite der Medaille, die Illusion, verstärken. Das jedoch manifestiert um so deutlicher das Bezeichnende an ihrer Lage: Sie vermögen es nicht mehr, sich aus eigener Kraft zu helfen. Ihr objektiv entstandenes Problem wird subjektiv durch ein Gefühl des Unvermögens und der Hilflosigkeit verstärkt. Sozial gestrauchelte Menschen machen sich die Vorurteile, die gegen sie gerichtet sind, zu eigen. Sie verinnerlichen das Fremdbild gegen sie, das nunmehr zum Selbstbild wird. Sie identifizieren sich mit diesen Vorurteilen derart, daß Sozialarbeiter es schwer haben, sie von dieser Selbstvorverurteilung zu befreien. Klienten sind vielfach dem Selbstverschuldungstheorem verfallen. Sie meinen, sie haben ihr Schicksal selber verschuldet. Sie sind selten der Auffassung, daß soziales Elend gesellschaftlich bedingt ist. Es ist paradox, denn gerade sie hätten die eigene Erfahrung am besten reflektieren können. Wenn sie der Meinung sind, selbst ihre Lage verschuldet zu haben, so führen sie ihr Unvermögen als Beweis an. Es stimmt nur soviel, daß tatsächlich durch die bisherigen Fehlversuche die Problemlösungsmöglichkeit der Betroffenen weitgehend abgeblockt ist.

Das ist die Situation der Klienten, mit der die Sozialarbeiter konfrontiert sind, wenn sie ins Feld treten. Nun was tun? Das ist die Frage, die die „*Sozialarbeit von unten*" beantworten will.

Über die historische Notwendigkeit der Sozialarbeit von unten

Sozialarbeit befaßt sich mit akuten sozialen Problemen, die nach sofortiger Lösung verlangen. Sozialarbeit insgesamt abzulehnen heißt politisch die Hände in den Schoß zu legen, was die Tagesprobleme der Betroffenen anbelangt. Das wäre gleichgültig, ja zynisch gegenüber den Klienten. Die Skepsis mancher Linken gegen die fortschrittliche Perspektive in der Sozialarbeit wird hauptsächlich damit begründet, daß diese dem Reformismus gleichkäme. Diese Annahme beruht zum einen auf einem Mißverständnis von fortschrittlicher Sozialarbeit. Ohne an dieser Stelle eine Reformismusdebatte zu führen, sind Bedenken gegen den fortschrittlichen Ansatz in der Sozialarbeit leicht auszuräumen, wenn man die wesentliche Frage stellt: Sozialarbeit für wen? Wie kann der Kleinkrieg um die Wiedereingliederung der Klienten mit dem politischen Kampf um historische Veränderungen verbunden werden? Entscheidend ist vor allem die Überlegung, daß Deklassierung die Arbeiterbewegung schwächt und daß die Überwindung von Deklassierungen wenigstens zum Teil zugleich eine Überwindung objektiver Schwächen und Spaltungen in der Arbeiterklasse bedeutet. Das ist insbesondere daran zu erkennen, daß Deklassierte für das Kapital ein Potential darstellen, aus dem Streikbrecher und Lohndrücker rekrutiert werden können. Der „*Sozialarbeit von unten*" stellt sich die Frage, wie sich Deklassierte durch Wiedereingliederung in ihren Klassenzusammenhang zum Kampfpotential zur politischen, ökonomischen und sozialen Befreiung ihrer gesamten Klasse wenden.

Aufbau der Sozialarbeit von unten

Inhaltlich ist „*Sozialarbeit von unten*" identisch mit der Aktivierung und Mobilisierung der Klienten. Anwendungsbereiche der Sozialarbeit von unten sind z.B. die Arbeitsfelder „*stadtteilbezogene Sozialarbeit*", „*gemeindenahe Versorgung*", sogenannte „*Gemeinwesenarbeit*", „*Bewohner von Notunterkünften der Übergangswohnungen*", „*Obdachlose*", „*Sozialhilfeempfänger*".

Die *„Sozialarbeit von unten"* ist ein konstruktiver Ansatz. D.h. sie zieht Konsequenzen aus der Kritik von institutionalisierten Methoden der Sozialarbeit und versteht sich selbst als Alternative. Sie vermittelt eine Anleitung zum praktischen Handeln. Sie ist eine praxisorientierte Antithese zum therapeutischen Immobilismus, dem pädagogischen Pessimismus, den karitativen Ansätzen und der subkulturellen Orientierung. Der Aufbau der therapieorientierten Sozialarbeit wird aus methodischen Gründen in zehn Schritten unterteilt. Der erste Schritt wird bewußt unter der Perspektive der folgenden Schritte eingeleitet. Dieser bedeutet eine Vorentscheidung, die die Adressaten der Sozialarbeit selbst zunächst noch nicht getroffen haben. Im zielgerichteten Handeln kommt die anleitende Funktion von Sozialarbeit zum Ausdruck, die zu den pessimistischen, skeptizistischen und subkulturell-orientierten Ansätzen im Widerspruch steht. Indes darf und kann das Hineintragen eines programmatischen Ansatzes wie die *„Sozialarbeit von unten"* nicht, ohne von den Betroffenen selbst getragen zu werden, verwirklicht werden. D.h. in der praktischen Umsetzung der Sozialarbeit von unten kommt es darauf an, die Adressaten von dem Inhalt eines jeden Schrittes zu informieren, sie von der Notwendigkeit bestimmter Aufgaben zu überzeugen; ebenso müssen solche Eigeninitiativen, die von den Klienten selbst kommen, ernst genommen, diskutiert und gegebenenfalls in den Plan aufgenommen werden. Das folgende 10-Phasen-Programm sagt auch nicht, was im einzelnen gemacht werden soll. Die inhaltliche und praktische Ausfüllung des Programms kann nur einmal aus der Analyse der konkreten Situation, zum anderen von den Betroffenen selbst kommen. Die bewußte Anleitung, die durch die sozialen Mitarbeiter kommt, ist nur durch die Überzeugung und Unterstützung der Betroffenen legitimiert. Genauer genommen soll die Sozialarbeit von unten die Eigeninitiative der Betroffenen aktivieren, planen, programmieren und zum Erfolg verhelfen. Die Methode *„Sozialarbeit von unten"* faßt Erfahrungen zusammen, die sich sonst bewährt haben, damit sie Gruppen, die diese Erfahrungen noch nicht gemacht haben, zugute kommen. Der etappenweise Aufbau der *„Sozialarbeit von unten"* sei im folgenden zusammengefaßt:

T 1. Sensibilisierungsphase
P 2. Kollektivierung
T+P 3. Aktion
T a. Aktivierung
P b. Durchführung der Aktion

T 4. Reflexion
P 5. Mobilisierung
T 6. Orientierung
P 7. Wiedereingliederung
T 8. Qualifikation
P 9. Organisierung
T+P 10. Veränderung

(T = Theoretischer Schritt, Theorie; P = Praktischer Schritt, Praxis)

Theorie heißt Reflexion von Erfahrung und Vorbereitung bevorstehender Praxis. Praxis heißt Umsetzung von Theorie. Erkenntnis und Handeln sind nie getrennt. Theorie ist die Anleitung zum Handeln).

1. Sensibilisierung

Der erste Schritt der „*Sozialarbeit von unten*" setzt sehr elementar ein. Sie geht von der Annahme aus, daß sich die Adressatengruppe in einer Situation befindet, die durch Inaktivität und sozialen Rückzug gekennzeichnet ist. Die Eigeninitiative ist sehr geschwächt. Die Bereitschaft dazu, selbst zur Lösung der eigenen Probleme beizutragen, ist sehr gering. Das Lernziel dieser Etappe ist deshalb sehr bescheiden angesetzt. Es heißt „*Sensibilisierung*". D.h. die Betroffenen sollen ihrer Situation bewußt werden. Sprachlich bedeutet Sensibilisierung: für etwas empfänglich machen. Inhaltlich heißt das ebenso die eigenen Interessen erkennen wie die Notwendigkeit, dafür einzutreten, einsehen.

Die Sensibilisierung ist also eine Phase, die vom Standort der Betroffenen ausgeht und in Richtung auf Überwindung dieser Ausgangssituation zielt. Die Situation der Betroffenen ist einmal durch Vereinzelung, zum anderen durch Untätigkeit gekennzeichnet. Diese beiden Merkmale: Individualisierung und Aktionslosigkeit müssen als Voraussetzung für die weiteren Schritte überwunden werden. Deshalb heißt der zweite Schritt „*Kollektivierung*", der dritte „*Aktivierung*".

Es gibt Situationen in der Sozialarbeit (wie übrigens auch in der Arbeit mit psychisch Kranken), wo man meint, man kann in dieser Situation nichts tun, da die Leute für sich nichts tun wollen. Richtig ist, daß man wegen fehlender Eigeninitiative der Betroffenen, d.h. ohne ihren Willen – nicht viel für sie tun kann. Falsch ist, daß es Situationen gäbe, in denen eine Sensibilisierung ausgeschlossen wäre. Die anschließend angeführten Beispiele zeigen die Schwierigkeiten der Sensibilisierung. Gleichzeitig demonstrieren sie jedoch, daß wenn die Initialzündung (um ein Bild aus der Physik zu wählen, nachdem zunächst relativ mehr Energie verbraucht werden muß, um den Verbrennungsprozeß einzuleiten) gelungen ist, läuft das soziale Aktionsprogramm wesentlich einfacher.

Um den ersten Schritt einzuleiten, soll nach Möglichkeit an eine konkrete Erfahrung der Betroffenen angeknüpft werden. Ihre Bereitschaft für die Aktion ist durch die konkrete Betroffenheit am größten.

Das Arbeitsmittel der ersten Phase ist die Sprache. Es handelt sich also nicht um eine praktische, sondern um eine vorbereitende Phase. Die Gespräche finden dort statt, wo die Klienten anzutreffen sind. Sie können u.a. während Hausbesuchen stattfinden. Es wird kein 10-Punkte-Programm entwickelt, sondern einfach etwa die Frage aufgeworfen: „*Wie sehen Sie die Verhältnisse hier?*" Es kommt also vielmehr darauf an, daß die Klienten selbst eine Perspektive entwickeln. Die sozialen Mitarbeiter beteiligen sich am Entwurf und an der Durchführung. Sie bringen Ideen ein, in erster Linie aber fördern sie die Eigeninitiative der Betroffenen.

Es stellt sich die Frage, welche Inhalte sind zur Sensibilisierung geeignet. Es sind in erster Linie Informationen. Es handelt sich um Informationen über z.B. Grundrechte. Das sind Informationen mit herausforderndem Charakter. Rechte müssen erkämpft werden. Es stellt sich dann die Frage nach der Realisierbarkeit von Forderungen. Optimismus und Vertrauen in die eigene Kraft sollen deshalb bei den Klienten geweckt werden. Das kann aber nur getan werden, wenn die sozialen Mitarbeiter selbst davon überzeugt sind. Vertrauensvoll und illusionsfrei soll den Klienten Mut zugesprochen und in ihnen die Hoffnung geweckt werden.

Die Erfahrung zeigt, daß die Betroffenen oft soweit sozial gestrauchelt sind, durch Vorurteile gegen sich selbst belastet sind, daß sie nur schwer aus der Lethargie und Resignation heraus zu bewegen sind. Die Sensibilisierungsphase ist vielleicht die schwierigste des ganzen Programms. Ist

jedoch diese Phase gelungen, so verspricht die Durchführung des gesamten Programms erfolgreich zu sein.
Die erste Phase dient auch der Selbstsensibilisierung der beteiligten Mitarbeiter. Zum einen werden sie sensibilisiert für die Probleme der Betroffenen. Die Mitarbeiter lernen frei von Vorurteilen zu werden, Problemlagen nicht schematisch zu beurteilen, eine soziale Situation in ihrer Konkretheit zu begreifen.

Zusammenfassung (der Sensibilisierungsphase): Sensibilisierung: Empfindlichmachung; einer Lage bewußt werden; Problemempfinden schaffen; problembewußt werden. Sensibilisierung heißt Empfindlichkeit für die eigenen Probleme, Erkennen der eigenen Interessen und Einsicht in die Notwendigkeit, dafür einzutreten. Das Ziel wird durch das Sprachmedium erreicht. Es handelt sich um eine vorbereitende Phase, in der Informations- und Überzeugungsarbeit geleistet wird.

2. Kollektivierung

Mit Vereinzelung und sozialer Isolation gehen Demoralisierung, Unsicherheit, Angst und andere psychische Störungen einher. Die Wiederherstellung der Persönlichkeit geschieht erst durch den Zusammenschluß der Betroffenen. Der Versuch, Arbeitsgruppen aufzubauen, erweist sich erfahrungsgemäß als sehr schwer. In einem Obdachlosenlager war die Arbeit von drei Jahren notwendig, um eine Flurversammlung zustande zu bringen. Von den Flurversammlungen bis zur völligen Auflösung des Obdachlosenlagers (Eggerstedtstraße in Hamburg 1975) dauerte es nicht einmal so lange.

Kollektivierung bedeutet Überwindung der Vereinzelung und Bereitschaft zum Zusammenschluß. Dieses Lernziel wird erschwert durch gegenseitiges Mißtrauen und Vorurteile, die bei Deklassierten sehr ausgeprägt sind. Darüber hinaus ruft die Sozialbürokratie bei den Betroffenen gezielt einen Entsolidarisierungseffekt hervor. Sie werden unterschiedlich behandelt, und gegeneinander ausgespielt. Durch Bestrafung der einen und Bevorzugung der anderen soll die Solidarisierung der Betroffenen sabotiert und die Entstehung einer Interessengemeinschaft verhindert werden. Auch die allgemeine Diskriminierung und permanente Einschüchterung durch die Sozialverwaltung und strafende Instanzen lassen die Zusammenkunft der Betroffenen, in der Absicht aktiv für ihre Interessen zu werden, wie ein Verbrechen erscheinen.

Außerdem fühlen sich oft Deklassierte nicht immer als solche, die in einem Boot sitzen. Einige meinen, sie gehörten nicht zu den anderen. Sie seien versehentlich in diese Lage geraten, kämen aber schnell von selbst wieder raus.

So lange eine Situation von Entsolidarisierung herrscht, können die weiteren Schritte keinen Erfolg versprechen. Um das Lernziel Solidarität durch die künftigen Erfahrungen erlernen zu können, ist der Zusammenschluß der Betroffenen notwendig. Dieser Zusammenschluß ist zunächst schwach, unsicher und mit vielen Vorbehalten behaftet. Wenn jedoch die Betroffenen erste Vorteile ihrer Gruppierung sehen, verstärkt sich ihr Zusammengehörigkeitsgefühl. Die erste Versammlung der Gruppe muß von den sozialen Mitarbeitern gut vorbereitet sein. Durch ihren Ablauf soll sie die Teilnehmer dazu ermutigen, wieder zu kommen. Sie sind in dieser frühen Phase leicht zu entmotivieren. Deshalb kommt vieles darauf an, daß das Erreichte – immerhin eine erste Versammlung – konsolidiert wird. Aus dem unverbindlichen Treffen soll nach und nach eine tragfähige Gruppe werden. Das ist natürlich ein sehr ehrgeiziges Ziel, das nicht gepredigt, sondern *erfahren* werden muß; es kann also erst in den nächsten praktischen Schritten verwirklicht werden. In der anstehenden Etappe der Kollektivierung geht es zunächst nur um die viel einfachere Erfahrung, daß die anderen ebenso betroffen sind wie man selbst und daß es sich deshalb lohnt, über die eigene Lage zu sprechen und nach gemeinsamen Lösungen zu suchen.

Die erste Sitzung der Gruppe soll besonders interessant und nicht weniger lehrreich gestaltet werden. Es hat sich bewährt, in dieser Phase mit *Medien* zu arbeiten. Einer kam auf die Idee, in diesem Treffen einen Fernsehfilm, der auf Video festgehalten war, und der die Vorurteile gegen Obdachlose manifestiert, vorzuführen. Darauf entbrannte in der Gruppe eine lebhafte Diskussion. Bei der Aktivierung von Deklassierten muß die Arbeit frühzeitig auf die Schaffung tragfähiger Selbstverwaltung (z.B. Vorbereitungsgruppe, Sprecherkommitee, Obdachlosenrat usw.) zielen. *Lernziel* der zweiten Phase ist die Einsicht in die Notwendigkeit des kollektiven, solidarischen Handelns.

Während der Kollektivierung wird die nächste Phase eingeleitet: Aktivität.

Es werden erste Schritte besprochen, um auf Mißstände aufmerksam zu machen. Das sind z.B. die Zustände der Wohnräume oder der sanitären Einrichtungen. Es kann auch – nahehegend – die Forderung nach einem Versammlungsraum sein, da bereits durch den ersten Termin eventuell das Fehlen eines Kommunikationsraums sichtbar wird.

In dieser Phase kommen den Mitarbeitern besondere Aufgaben zu. Da den Betroffenen oft die Erfahrung fehlt, eine Versammlung vorzubereiten und durchzuführen, muß diese Funktion von den Sozialarbeitern übernommen werden: Raumreservierung, Durchführung einer ordnungsgemäßen Sitzung, Sitzungsleiter, ggf. Rednerliste, ggf. Ergebnisprotokoll. Die „*Profis*" müssen allerdings diese Techniken den Betroffenen nach und nach erklären, damit diese selbständig werden können. Die Mitarbeiter werden außerdem entlastet und nur dort einspringen, wo sie benötigt werden. Grundsätzlich dürfen die Sozialarbeiter im Sozialfeld nicht auf Dauer unentbehrlich sein. Es ist in beiderseitigem Interesse, daß die Betroffenen und das Mitarbeiterteam mittelfristig voneinander unabhängig werden. Die Erkenntnisse, Fähigkeiten und Techniken, die bei dem Fachpersonal vorhanden sind, sollen deshalb zügig mitgeteilt und von den Adressaten angeeignet werden. Das gilt auch für die kleinen Techniken, z.B. wie ein Versammlungsraum reserviert wird, damit sich keine Machtstrukturen aufgrund von „*Berufsgeheimnissen*" herausbilden. Ein wichtiger Beitrag der Sozialarbeiter besteht darin, daß sie den Klienten den organisierten Arbeitsstil beibringen: Sitzungstechnik, Gesprächsführung, Verhandlungsleitung, Protokollierung, Planung, Terminvorbereitung.

Zusammenfassung: Kollektiv heißt Gruppe; Interessengemeinschaft. Kollektivierung heißt Zusammenschluß, die Entstehung von Zusammengehörigkeitsgefühl und die Bildung eines handlungsfähigen Kollektivs. Lernziele: Schaffung gemeinschaftlicher Beziehungen unter den Betroffenen, Überwindung der Entsolidarisierung und die Einsicht in die Vorteile der Bildung einer tragfähigen Gemeinschaft, die zur Durchführung eigener Interessen in der Lage ist.

3. Aktion
a. Aktivierung
b. Durchführung der Aktion

Wie der Name schon sagt, handelt es sich um einen praktischen Schritt. An dieser Phase zeigt sich jedoch deutlich, daß Theorie und Praxis – richtig verstanden – nicht zu trennen sind. Die Aktion muß zunächst als notwendig erkannt werden, Umrissen und geplant werden, bevor sie durchgeführt wird. Dieses theoretische Vorfeld der Aktion bildet den Inhalt des ersten Teils der dritten Phase „*Aktivierung*". Die Aktivierung ist erfolgreich verlaufen, wenn die Aktion beschlossen wird. Als Erfolgszeichen der Aktivierungsphase ist die Tatsache zu werten, daß die Einzelnen sich bereit erklären, bestimmte Aufgaben im Rahmen der Aktion zu übernehmen. Die bisherige Passivität wird überwunden. Es kommt nicht auf die Größe der Aktion an, sondern darauf, daß die Gruppe auf sich, auf ihre Probleme aufmerksam macht. Eine geeignete Aktivität ist zum Beispiel die Aufstellung einer Wandzeitung. Die eigene Praxis kann den Klienten nicht abgenommen werden. Denn an ihnen vorbei kann weder die Lösung objektiver Probleme, noch der subjektive Prozeß der Therapie realisiert werden. Die Sozialarbeiter können sie dabei unterstützen und anleiten aber nicht stellvertretend handeln. Die gemeinsame Aktion verstärkt das Zugehörigkeitsgefühl und das kollektive Bewußtsein.

Die bürgerliche Erziehung und die etablierte Ordnung diffamieren den Widerstand, passivieren die Menschen und kanalisieren die Opposition in verrechtlichte Bahnen. Ein Grundanliegen der *Sozialarbeit von unten* ist daher, die Betroffenen zum Protest zu befähigen. *Sozialarbeit von unten* stellt Übungen im Widerstand dar. „*Kleine Brötchen backen*" sagen die weisen Meister der Lehrlinge, die gleich den großen Kuchen mit acht Kostbarkeiten backen wollen. Man darf die geringste Widerstandsaktion nicht unterschätzen. Eine Unterschriftensammlung unter eine Forderung faßt die Phasen 1-3 (Sensibilisierung, Kollektivierung und Aktion) zusammen. Der passive Mensch leistet Null-Widerstand (R = 0). Deshalb ist jede Regung gegen Unterdrückung eine (gegen Null) unendliche Größe.

Zusammenfassung: Aktion ist eine gezielte Handlung. Die soziale Aktion ist der Ausdruck einer gesellschaftlich bewußten Gruppe. Der Aktion geht die Aktivierung voraus; sie bedeutet gesellschaftliche Belebung einer bisher inaktiven sozialen Gruppe. Die Bedeutung einer zielgerichteten Handlung (= Aktion) leitet sich aus ihrem Stellenwert für die Durchsetzung der Interessen von Betroffenen.

4. Reflexion

Grundsätzlich muß auf jede Aktion Reflexion folgen. Ihr Inhalt ist die Auswertung (= Evaluation), Kritik und Selbstkritik fehlerhaften Verhaltens, Konsequenzen zur Verbesserung nächster Aktionen, kurz *Lehren aus der Erfahrung* zu ziehen. Im Fall des Mißerfolgs werden die Ursachen herausgearbeitet, um sie beim nächsten Schritt zu vermeiden, möglicher Resignation wird vorgebeugt. Da die andere Seite (Verwaltung, Behörde) gegenüber der Aktivität nicht untätig bleibt und – je nachdem – aggressiv, diffamierend, mit Spaltungsversuchen, Dissolidarisierung oder – im günstigsten Fall – mit Konzessionen reagieren wird, muß das weitere Vorgehen der Betroffenen besprochen werden. Im Fall des Erfolgs besteht die Gefahr, daß die Betroffenen in Euphorie geraten („*von der Resignation in die Illusion*"). Deshalb ist es ein Lernziel dieses Schrittes, daß die Aktionsteilnehmer es üben, sich auf langdauernden Kampf einzustellen. Doch müssen die Vorteile des Erfolgs genutzt werden: Die Gruppe stabilisiert sich und schließt sich fester zusammen. Wenn die erste Aktion der Gruppe zustande gekommen ist, dann entwickelt diese Aktivität ihre Eigendynamik. Die sozialen Mitarbeiter wären schlechte Berater, wenn sie eine Tendenz zum Aktionismus – gestärkt durch den möglichen Erfolg der ersten Aktion – fördern würden. Um dieser Tendenz vorzubeugen ist das sozialpädagogische Handlungsprogramm so aufgebaut, daß die 10 Phasen abwechselnd aus einem theoretischen und einem praktischen Schritt bestehen. Die erste (praktische) Aktion soll deshalb gleich (theoretisch) reflektiert werden. Was hat sie eingebracht? War sie richtig? Was kann folgen? Was wollen wir erreichen? Wie können wir unsere Handlungsfähigkeit und unser Durchsetzungsvermögen verbessern?

Theoretische Phasen üben auf die Klienten nur eine vorbereitende Funktion aus. Die echte Entwicklung ihrer Persönlichkeit vollzieht sich durch die praktische Erfahrung. Indem sie ihre objektive Lage verändern, verändern sie sich subjektiv.

Aktion und Reflexion sind keine einmaligen Schritte des Zehn-Punkte-Handlungsprogramms. Sie sollen so oft wiederholt werden, bis der Übergang zur nächsten Phase der Mobilisierung als ausgereift erscheint.

Zusammenfassung: Reflexion heißt die Besprechung und Auswertung einer praktischen Erfahrung mit Hinblick darauf, das weitere Vorgehen unter Einbeziehung der Lehren aus der gemachten Aktion zu planen. Im Fall des Mißerfolgs lernen die Aktionsteilnehmer sich zu bewähren und sich nicht frustrieren zu fassen. Im Fall des Erfolgs keine Euphorie (= unbegründetes Wohlbefinden), sondern Verbesserung der Handlungsfähigkeit und des Durchsetzungsvermögens.

5. Mobilisierung

Nun ist ein praktischer Schritt wieder an der Reihe. Hier steht die Aktion auf einer höheren Stufe als im dritten Schritt. Die Gruppe ist bereit, ihren Forderungen Nachdruck zu verleihen. Sie ist bereit, dafür einen „*Gang*" (Mobilisierung = in Bewegung setzen) zu machen. Welcher „*Weg*" gegangen werden soll, ergibt sich aus der Diskussion während der vierten Phase (Reflexion). Es kann z.B. beschlossen werden, eine starke Delegation zur Sozialbehörde zu organisieren.

Die Aktionserfahrung stärkt die Kampfmoral und die Widerstandsbereitschaft. Das Selbstbewußtsein der Betroffenen steigt spürbar an. Nach der Aktion läßt sich eine merkliche Veränderung des Selbstvertrauens feststellen. Die Betroffenen entdecken ihre eigene Kraft, sie vertrauen sich selbst und lernen, ihr Schicksal in die eigene Hand zu nehmen. Sie fangen damit an, nicht länger nur Objekt der Geschichte zu sein.

6. Orientierung[8]

Die großartige Leistung, die in der Mobilisierung besteht, soll nun dem bisherigen Arbeitsprinzip: Aktion/Reflexion, Praxis/Theorie treu bleibend – theoretisch eingeschätzt werden. Die Handlung wird reflektiert. Der Erfahrungswert wird herausgearbeitet. Im Mittelpunkt der Orientierung steht die Veränderbarkeit von Situationen als Lernziel.

Es leuchtet ein, daß die Phasen Aktivierung/Reflexion und Mobilisierung/Orientierung nicht einmalig sein müssen. Sie wiederholen sich so lange, bis der Übergang zur nächsten Phase genügend vorbereitet zu sein scheint. Das Programm zielt insgesamt auf die Hebung der Selbstsicherheit, des Bewußtseins und des Vertrauens in die eigene Kraft. Damit geht eine entsprechende Betonung einer fortschreitenden Entwicklung einher. So kann von einer niederen zur nächst höheren Stufe erst dann übergegangen werden, wenn sich diese ausreift; damit werden mögliche Rückschläge auf ein Minimum reduziert. Es soll aber stets darauf geachtet werden, daß jede praktische Aktion theoretisch reflektiert und eingeschätzt werden muß; aus ihrer Auswertung wird die nächste Aktivität und die Mobilisierung abgeleitet.

Orientierung heißt Richtung geben. Dieser Schritt wird so bezeichnet, weil es hier gilt, daß die Sozialarbeiter sich von der Adressatengruppe langsam lösen. Aus der einst passiven, individualisierten Gruppe ist inzwischen eine Bewegung geworden. Sie soll dazu befähigt werden, eigenständig zu handeln und zu reflektieren. Die Sozialarbeiter geben ihr die Anleitung und tragen zu ihrer Orientierung bei, die ihr die weitere Interessenwahmehmung ermöglicht. Auf der anderen Seite können die Sozialarbeiter anderen Aufgaben nachgehen. Ihr Betreuerverhältnis ist kein Bund auf ewig, sondern nur eine Ehe auf Zeit. Eine Dauerbeziehung von Sozialarbeitern und Klienten wäre eine falsch verstandene Solidarität.

Möglicherweise kann die Orientierung die Auflösung der gesamten Adressatengruppe, die sich vorläufig zusammengeschlossen hatte, bedeuten. Das ist manchmal nicht nur empfehlenswert, sondern sogar not-

---

[8] Beachte bitte, daß der Ausdruck „Orientierungsphase" in einer anderen Methode, nämlich in der Korrektiverziehung, anders geprägt ist, vgl. dazu: K. Khella, Einführung in die Psychologie, Hamburg 1981, Seiten 168, 170 f.; Karam Khella, Theorie und Praxis der Sozialarbeit und Sozialpädagogik, Bd. 2, Seiten 214-216.

wendig. Es kommt darauf an, daß dem Zusammenschluß gemeinsame Interessen zugrunde liegen. Die subjektive Erfahrung der Solidarität beruht in erster Linie auf gemeinsamen, objektiven materiellen Interessen. Die Solidaritätserfahrung ist deshalb dort am stärksten, wo Arbeiter durch gemeinsame Kampfaktionen gemeinsame Forderungen durchsetzen („*Wenn seine starke Hand es will, stehen **alle** Räder still*").

Der Orientierung kommt eine doppelte Aufgabe zu: Sie wertet die vorausgegangene Phase aus und bereitet die nächste vor.

7. Wiedereingliederung

Ziel jeder demokratischen Sozialarbeit ist die Rückgliederung der Klienten in den ökonomischen, sozialen, gewerkschaftlichen, politischen und kulturellen Zusammenhang der Klasse. Die Rückgliederung ist stark von der Anpassung an Verhältnisse zu unterscheiden. Wiedereingliederung wird z.B. nicht dort, erreicht, wo Klienten an Arbeitsplätzen eingesetzt werden, wo sie sich mit ihren Kollegen objektiv entsolidarisieren müssen (z.B. als Streikbrecher, Betriebsspitzel, Werkschutz usw.).

Die Rückgliederung hat die Wiederherstellung tragfähiger sozialer Beziehungen zur Folge. Wenn die Rückgliederung gelingt, befreien sich die Klienten praktisch von der Institution Sozialarbeit. Dieses Ziel ist optimal. Es tritt meistens nicht schlagartig, sondern graduell ein. Von da an nehmen die einstigen Klienten an der gesellschaftlichen Praxis teil. Sie treten sozial und politisch als handelnde Subjekte auf. Wenn sie aus der Erfahrung der überwundenen Deklassierung gestärkt und stabilisiert hervorgehen, können sie effektiv größere politische Verantwortung übernehmen. Für diesen weitergehenden Schritt sollen sie aber erst qualifiziert werden.

Beachte: Einige bürgerliche Autoren sprechen auch von „*Rückgliederung*", damit meinen sie jedoch Anpassung und Reparatur der Arbeitskraft. Mit „*Wiedereingliederung*" meinen wir dagegen die Wiederherstellung der durch die Deklassierung verloren gegangenen sozialen, kulturellen und materiellen Zusammenhänge zur eigenen Klasse.

8. Qualifikation

(= Befähigung): „*Wissen ist Macht*" und Unwissen ist Ohnmacht. Qualifikation ist in der Regel auf konkrete Ziele orientiert. Es sollen unterschieden werden die fachbezogene Qualifikation, die den Betroffenen die Wiedereingliederung in das Berufsleben erleichtert, und die allgemeine politische Qualifikation (auch Schulung genannt), die die Teilnehmer zur gesellschaftlich verändernden Praxis befähigt. Zur fachbezogenen Qualifikation zählt die berufliche Ausbildung, Fortbildung, Erwachsenenbildung und ggf. Umschulung. Hierzu sollen Angebote der Gewerkschaften, Arbeitsämter, Erwachsenenbildung (Volkshochschule u.a.) genutzt werden. Die gewerkschaftliche Schulung wird in der Regel für die organisierten Mitglieder angeboten, gelegentlich auch für Nicht-Organisierte und Arbeitslose.

Während die Programmteilnehmer die Notwendigkeit der beruflichen Ausbildung oder Umschulung ohne weiteres einzusehen bereit sind, sollen sie für eine politische Qualifikation zunächst motiviert werden. Wichtige Studieninhalte sind Fragen der gegenwärtigen Sozialpolitik, wobei eigene Interessen der Betroffenen besonders berücksichtigt werden müssen (Mietrecht, Sozialversicherung, Altersversicherung usw.), im weiteren können die gesellschaftlichen Bedingungen von Deklassierung und sozialer Ausgliederung analysiert werden. Weitergehende Qualifikation befaßt sich mit den künftigen Aktivitäten der Kursteilnehmer. So sind Informationen über die gewerkschaftliche und Arbeiterbewegung notwendig, da die politische und gewerkschaftliche Organisierung – abgesehen von ihrer historischen Bedeutung – für die bleibende Stabilisierung der Adressaten notwendig ist. Sie dient ihnen als objektive Solidaritätsbasis. Die Voraussetzungen kollegialer Kommunikation wird durch die einzelnen Fachgewerkschaften und Betriebsgruppen gewährleistet. Welche Inhalte sich im einzelnen für die Erwachsenenbildung und politische Schulung empfehlen, ergibt sich aus der konkreten Situation.

Zusammenfassung: Optimales Wissen geht effektivem Handeln voraus. Praktische Erfahrung geht der Theoriebildung voraus. Ohne richtige Theorie keine richtige Praxis.

9. Organisierung

Rückgliederung in den Produktionsprozeß und in den sozialen Zusammenhang der eigenen Klasse ist selbst Ziel der Sozialarbeit, zugleich aber die Voraussetzung für weitergehende Ziele. Es soll daran erinnert werden, daß es diese gesellschaftlichen und Produktionsverhältnisse gewesen sind, die für die Deklassierung verantwortlich zu machen sind. Es kann also nicht das Ziel fortschrittlicher Sozialarbeit sein, diese Verhältnisse hinzunehmen und die Klienten an sie anzupassen. Die Eingliederung in den sozialökonomischen Zusammenhang ist ein Schritt dazu, die Bedingungen von Ausbeutung und Verelendung insgesamt zu überwinden. Dieser historischen Mission dienen die Organisationen der Arbeiterklasse. Diese revolutionäre Perspektive geht über den Rahmen der Sozialarbeit hinaus. Sie ist eine Erfahrung der Arbeiterklasse. Der fortschrittlichen Sozialarbeit kommt nicht die Aufgabe zu, die Strategie der Revolution zu entwickeln, sondern nur den Adressaten den Weg in diese historische Erfahrung zu ebnen. Diese Erfahrung entsteht im Produktionskampf. In den Organisationen der Arbeiterklasse schlägt sie in bewußten Klassenkampf und in zielgerichtete politische Praxis um.

10. Veränderung

Organisiert und bewaffnet mit revolutionärer Theorie eröffnet sich für die Betroffenen, die sich einst aus eigener Kraft nicht mehr helfen konnten, die Perspektive einer gesellschaftsverändernden Praxis. Hier realisiert sich das dialektische Gesetz von der Negation der Negation (Negation = Verneinung). D.h. ein Zustand völliger Störung wird selbst zerstört. Aus Deklassierten werden Klassenbewußte. Aus dem Objekt der Geschichte geht ihr Subjekt hervor.

Beispiel 1 zu Phase 1: Sensibilisierung. Wie schwierig diese Phase sein kann, zeigt folgender Fall. Ein Taxifahrer gerät in die Abhängigkeit vom Alkohol. Er verliert seinen Führerschein, d.h. seinen Arbeitsplatz, sein Einkommen. Er verliert die Wohnung und schließlich seine Frau. Er wird in das Lager eingewiesen. Projektstudenten versuchen ihm zu erklären, daß er an dieser Obdachlosigkeit nicht schuld ist, er ist Opfer. Er braucht eine therapeutische Behandlung zur Überwindung der Alkoholabhängigkeit. Dagegen kann der Lageraufenthalt seine Situation noch mehr verschlechtern. Das sieht er nicht ein. Er besteht darauf, daß er sein eigenes Los selbst heraufbeschworen hat. Mit dieser Haltung war es nicht möglich, daß er aus dem Asyl herauskommt und eine stationäre Behandlung zur Alkoholtherapie erhält.

Beispiel 2 zur Phase 2: Kollektivierung. Es kommt sehr häufig vor, daß die Bewohnerschaft einer Straße oder Gegend durch lokale Vorgänge belästigt oder gar geschädigt wird, ohne daß sie sich durch die Inanspruchnahme institutionalisierter Einrichtungen (Gewerbeaufsicht, Gerichte) Abhilfe schaffen können. Dann aber kann nur Selbsthilfe helfen. Dazu ein Beispiel: Ein FIAT-Händler hat wie jeder Kapitalist zwei ehrgeizige Ziele: Kostenminderung und Profitmaximierung. Zu diesem Zweck hat der Autoverkäufer eine Lautsprecheranlage an sein Telefon angeschlossen. Wenn er einen Anruf bekommt, während er sich auf dem Gelände aufhält, hört er die Klingel durch die Lautverstärkung. Damit aber muß die gesamte Nachbarschaft jeden Anruf mithören. Diese Anrufe sind zu Alpträumen der Anwohner geworden. Während der Händler seine Verkaufsgespräche führt, läutet das Telefon 10, 20 mal hintereinander bevor er abnimmt. Während die Nachbarschaft gequält wird, spart er viel Geld. Er braucht keinen Telefonisten einzustellen. Nicht einmal einen elektronischen Taschenempfänger wollte er sich besorgen. Dafür nimmt er es „*in Kauf*", die gesamte Umgebung mit seinen Geschäften zu belästigen. Die Nachbarn reagieren zunächst höflich: Persönliche Bitten, Briefe auch von kranken und älteren Nachbarn sowie von Schichtarbeitern, die tagsüber schlafen müssen. Das höfliche Vorgehen hat nichts genutzt. Als nächstes wurden staatliche Kontrollinstanzen eingeschaltet, aber weder das Gewerbeaufsichtsamt noch der juristische Weg konnten dem Händler die Lärmbelästigung verbieten. Nun entschloß sich die Nachbarschaft dazu, den Weg des geringsten Widerstandes zu verlassen und ihre Interessen selbst durchzusetzen. Voraussetzung für den Erfolg eines kollektiven Vorgehens war die Überwindung des Individualismus und der Familienisolation. Unterschriften wurden gesammelt. Kaufboykott wurde beschlossen. Der Sachverhalt wurde auf einem Flugblatt geschildert, das auswärtige Kunden, die samstags das Geschäft stärker als an anderen Tagen frequentierten, überreicht werden sollte. Dazu kam es aber nicht. Denn der Händler kapitulierte. Er stellte prompt die alarmähnliche Lautsprecheranlage ein. Geblieben sind die Autoabgase und der Motorenlärm, die von dieser großen Verkaufsstelle ausgehen. Aber der erreichte Erfolg war es wert, mit Sekt gefeiert zu werden.

Beispiel 3 zu den Phasen 1 bis 6: Sensibilisierung. Notunterkünfte werden gern an kaum bewohnbaren Flächen errichtet. Eine solche Siedlung steht an einer Zufahrtstraße nach Hamburg. Auf der einen Straßenseite stehen die Notunterkünfte, auf der anderen Geschäfte und öffentliche Einrichtungen wie Post, Telefonzelle, Schul- und Arbeitswege. Dazwischen liegt eine sechsspurige „*Rennstrecke*" ohne den mittleren Grünstreifen. Jeder Bewohner muß die sechs Spuren in einem Lauf überqueren, um irgend etwas außerhalb der Siedlung zu erledigen. Dieses gefährliche Manöver mußten auch die Kinder täglich machen. Das Ergebnis war, daß kurz nach Besiedlung des Lagers mehrere Kinder durch Autounfälle schwer verletzt wurden. Zwei starben schon im ersten Monat nach dem Einzug. Diese tödliche Bilanz übte auf die Bewohner einen hohen Sensibilisierungseffekt aus.

Kollektivierung/Aktivierung/Reflexion/Mobilisierung: Die Bewohner setzen sich zusammen und wenden sich an die Behörde mit einer Bittschrift um die Errichtung einer Ampelanlage. Die Behörde aber rührt sich nicht. Die Unfälle wiederholen sich. Die Eltern diskutieren. Sie entschließen sich dazu, ihre Forderung der Behörde persönlich vorzutragen. Sie werden vorstellig. Sie werden von Beamten beruhigt: Die Ampel komme an die fragliche Stelle. Die Eltern kehren zurück und warten. Doch weitere Unfälle geschehen, ohne daß ein beampelter Fußgängerübergang entsteht. Auf Anfrage erfahren sie, daß sie auf Platz 51 der Warteliste stehen. Auf ihre nächste Frage, wie viele Ampeln im Jahr gebaut werden, errechneten sie, daß ihre Ampel nicht vor einigen Jahren kommen wird. Nun werden die Eltern mobil. Mit dem Pinsel in der Hand beschriften sie die Außenwände mit Parolen wie „*Wir wollen nicht, daß unsere Kinder sterben*". Sie stellen Schilder und Transparente her. Sie bilden einen kleinen Demonstrationszug und marschieren zum Rathaus. Es dauerte nicht mehr lange, bis die Ampelanlage errichtet wurde.

Orientierung: Das ist die Logik von Sensibilisierung und Aktion. Es ist ein schwieriger, Geduld beanspruchender, aber Erfolg versprechender Weg. Was aber die Eltern durch die Aktion in kürzester Zeit lernen, ist vielmehr als das, was in langen praxislosen Unterrichtsstunden erlernt wird. Es kommt natürlich darauf an, daß es von diesen kleinen Anfängen zu weiteren Schritten kommt. Denn sie wohnen noch in Notunterkünften. Noch ist die Stadtplanung und die Verkehrspolitik gegen ihre Interessen. Doch haben die Bewohner gegenüber der Ausgangssituation (vor der Sensibilisierung) gelernt, daß sie sich in Konfliktsituationen bewähren und ihre Forderungen durchsetzen können. Ihr Kampf um soziale und berufliche Wiedereingliederung geht weiter.

Beispiel 4 zu Phase 9: In einem anderen Fall ist der Erfolg sogar viel bescheidener, nichtsdestoweniger der Lerneffekt. Nach drei Jahren Stadtteilarbeit im Hamburger Karolinenviertel kam es immerhin dazu, daß die Bewohner gemeinsam mit Sozialarbeitern und Studenten in Eigeninitiative (also gegen die Vorschriften) einen Zebrastreifen über die Straße ausgeführt haben. Sie besorgten das Material, den Farbstoff, leiteten den Verkehr um und schließlich benutzten sie selber ihren eigenen Fußgängerübergang. Dieser ziemlich bescheidene Erfolg darf nicht geringschätzig geachtet werden. Die Bewohner haben an diesem mühsam errungenen Erfolg erkannt, wieviel sie machen müssen, um die kleinste Änderung in ihrer Lebenssituation zu erreichen. Das war auch ihre Motivation dafür, eine Bürgerinitiative zu bilden (Organisierung).

Zusammenfassung der Sozialarbeit von unten

Fortschrittliche Sozialarbeit ist ein permanenter Prozeß von Erkennen und Handeln. Die Sozialarbeit von unten will mit ihrem Konzept die Aktivierung der Klienten und ihre Mobilisierung für die eigenen Interessen erreichen. Die Sozialarbeit von unten ist so aufgebaut, daß die Aktivierung der Klienten nicht aktionistisch oder perspektivlos auseinanderläuft – deshalb der regelmäßige Wechsel von theoretisch und praktischen Schritten (Theorie-Praxis-Wechselbeziehung). Darüber hinaus geht die *Sozialarbeit von unten* von der Einordnung der Aktionen von Deklassierten in die übergeordnete Bewegung der eigenen Klasse. Die Institution Sozialarbeit kann Eingliederungsprozesse motivieren und technisch ermöglichen. Sie kann aber nicht dafür garantieren, daß eine erneute Deklassierung nicht eintritt. Die Realisierung dieses Ziels bleibt der Arbeiterbewegung Vorbehalten.

Es versteht sich, daß das Programm der *Sozialarbeit von unten* nicht in definierten Fristen abzulaufen hat. Weder die Dauer einer einzelnen Phase noch das gesamte Programm kann zeitlich befristet werden. Dies kann nur in der konkreten Situation bestimmt werden.

4. Kapitel
Über den Zusammenhang von „Sozialarbeit von unten" und „Therapieorientierter Sozialarbeit"

Wir wollen zum nächsten Kapitel überleiten, das beim Leser wahrscheinlich einen beträchtlichen Konflikt auslösen wird. Es befaßt sich nämlich mit „*Therapie*" als Aufgabe fortschrittlicher Sozialarbeit. „*Therapie*" in Verbindung mit dem Prädikat „*fortschrittlich*" wird bei Lesern großen Widerstand hervorrufen. Das ist insofern nicht nur verständlich, sondern auch berechtigt, da wir in der bürgerlichen Gesellschaft eine ausgeprägte Entartung der Therapie erleben. Der Leser wird aber gebeten, mir eine Chance zu geben, ein alternatives Therapieverständnis zu entwickeln. Er möge daher mit seinem Urteil ab warten, bis er das Kapitel gelesen hat. An dieser Stelle wollen wir überleitend sagen, daß wir es in der Sozialarbeit überwiegend mit *therapiebedürftigen* Menschen zu tun haben. Daher kommt der Sozialarbeit ein therapeutischer Auftrag zu. Die Therapie läuft nicht neben der sozialen Praxis; vielmehr ist sie in der *Sozialarbeit von unten* integriert. Deshalb ist die Sozialarbeit von unten auch therapieorientiert. Das heißt, die individuellen Mängel und Störungen der Aktionsteilnehmer sollen während des Zehn-Punkte-Programms korrigiert werden. Mit dieser Frage befaßt sich das folgende Kapitel, die therapieorientierte Sozialarbeit (von unten).

Noch bevor wir dieses Therapiekonzept entwickeln, sei die Verbindung zwischen „*Sozialarbeit von unten*" und „*therapieorientierte Sozialarbeit*" herausgestellt. *Therapie ist ein individuumbezogenes, störungsspezifisches Handeln.* So gesehen ist Therapie notwendig. Verwerflich ist nicht das Prinzip Therapie, sondern ganz bestimmte therapeutische Methoden, die den „*Patienten*" entmündigen, entmachten, fremdbestimmen und schließlich anpassen. Wir brauchen eine Therapiemethode, die von diesen negativen Merkmalen frei ist. Der erste Schritt zu diesem Ziel ist die *Eingliederung der Therapie in die gesellschaftliche Praxis.* Der Therapiebegriff, der im folgenden entwickelt wird, ist grundlegend anders als die institutionalisierte Behandlungsauffassung, die den Patienten auf den Therapeuten fixiert, die Behandlung individualisiert und von der sozialen Situation isoliert. Die entinstitutionalisierte Therapie läuft allerdings nicht – wie man eventuell meinen würde – spontan oder sonstwie leichtfertig. Die Entwicklung wird nicht sich selbst überlassen. Vielmehr wird sie sorgfältig geplant und zielgerichtet durchgeführt. Die therapieorientierte Sozialarbeit will die Voraussetzungen schaffen, die den isolierten Individuen die Reintegration ermöglichen. Sozial gestrauchelte, individualisierte und isolierte Menschen sollen aktiviert, zusammengefaßt und zum aktiven Handeln motiviert und mobilisiert werden. Die Therapie geschieht in der Aktion/Refelxion, durch Eingliederung und kollektive Aktivität, durch das Solidaritätserlebnis und dadurch, die eigene Erfahrung aufwerten zu lernen.

Die Therapie wird vermittelt durch zwei Medien: Sprache und Handeln. Wort *und* Praxis sind die beiden komplementären Seiten einer Medaille (Die Medaille ist u.a.: Politisierung; Erziehung; Therapie; Sozialarbeit). Das, was in der Wortkommunikation gesagt wird, muß *erfahren* und praktisch bestätigt werden. Was praktisch geleistet wird, muß theoretisch reflektiert werden. Sprache *und* Erfahrung, Erkenntnis und Handeln, Theorie und Praxis dürfen gegeneinander nicht ausgespielt werden. Durch ihre Teilnahme an der gesellschaftlichen Praxis und die Lehren aus ihrem Handeln vollzieht sich eine kollektive Therapie.

Therapieorientiert heißt diese Methode der Sozialarbeit deshalb, weil sie die Lösung *objektiver* sozialer Probleme als Bestandteil eines Prozesses erzielen will, in dem sich die Klienten auch *subjektiv* ändern. Therapeutische Pädagogik und Problemlösung wechselwirken in der Reihenfolge: Das Bewußtsein bestimmt das Sein, das Sein bestimmt das Bewußtsein. D.h. der erste Schritt setzt an das Bewußtsein an. Dies ist keine Umkehrung des materialistischen Prinzips (Primat des Seins vor dem Bewußtsein, Siehe: *Khella, Dialektischer und historischer Materialismus, SS. 33-37*), sondern seine korrekte Anwendung.

Zu Beginn des therapieorientierten Programms ist das Bewußtsein der Betroffenen durch ihr Sein bereits bestimmt. Nun kommt es darauf an, das Sein durch Änderung im Bewußtsein zu verändern. Indem die Klienten ihre Einstellung zu ihrem Sein ändern, verändern sie das Sein. Wenn sie aber das Sein verändern, verändern sie sich selbst. Die Lösung objektiver Seinsprobleme und der subjektive Therapieprozeß fördern sich gegenseitig.

5. Kapitel
Therapieorientierte Sozialarbeit

1. Problemstellung
2. „*Therapie statt Strafe*" im Strafvollzug
3. Die Notwendigkeit einer Alternative
4. Definition
5. Therapeutische Leistung der Sozialarbeit von unten
6. Zusammenfassung

„*Therapieorientierte Sozialarbeit*" ist ein Nebenprodukt oder, besser gesagt, eine Einzelleistung der „*Sozialarbeit von unten*". Wenn wir von therapieorientierter Sozialarbeit als bestimmter Methode sprechen, dann muß sie grundsätzlich im Rahmen der „Sozialarbeit von unten" erfolgen, will sie keine Therapie in dem Sinn sein, den wir verwerfen.

Problemstellung

Erstes Problem: Die amtliche Aufgabenbeschreibung und die institutionalisierte Lehre erkennen Sozialpädagogik und Sozialarbeit nicht als eine therapeutische Wissenschaft an: „*Den heilkundlichen Tätigkeiten im Sinne dieses Gesetzes sind Tätigkeiten nicht zuzurechnen, die die Aufarbeitung und Überwindung sozialer Konflikte zum Gegenstand haben*" (PthG §1 Abs. 3 – Entwurf zum Psychotherapeutengesetz). Die Folge ist die Aberkennung der eigentlichen Funktion von Sozialarbeit und Sozialpädagogik, als Dienst an therapiebedürftigen Menschen. Den Klienten der Sozialarbeit, die sich aus den unteren Einkommensschichten rekrutieren, wird die Therapie als Bestandteil ihrer sozialen Betreuung verwehrt. Sozialarbeit soll nach dem Willen der Institution als Akt der Verwaltung, nicht aber als umfassende Versorgung geleistet werden. Die Anerkennung der Sozialarbeit als therapeutische Praxis muß erst erkämpft werden. Die folgende Anleitung zur therapieorientierten Sozialarbeit geht davon aus, daß eine therapeutische Um Orientierung von Sozialarbeit jetzt stattfinden soll. Diese therapeutische Praxis soll den Kampf um ihre Anerkennung begleiten. Als Folge der pädagogischen, sozialen und therapeutischen Unterversorgung erfahren die Klienten der

Sozialarbeit psychische Störungen, die eine Lösung ihrer Probleme aus eigener Kraft noch mehr erschweren. Die Sozialarbeit muß über die Lösung objektiv bedingter Probleme hinaus auf die Klienten therapeutisch einwirken. Therapie ist also eine wesentliche Aufgabe der Sozialarbeit. Dieser Therapiebegriff darf nicht im Sinne der institutionalisierten Therapie verstanden werden. Im Konzept der therapieorientierten Sozialarbeit ist die Therapie in der sozialen Praxis integriert. Sie ist Therapie ohne Arzt-Patient-Verhältnis, da sie sich kollektiv in der Aktion vollzieht. Trotzdem wird sie gezielt angestrebt und nicht dem Zufall überlassen. Die sozialen Mitarbeiter können während der Aktion – ohne ein isoliertes Verhältnis zu einzelnen Klienten fest etablieren zu müssen – auf individuumspezifische Schwierigkeiten eingehen. Die eigentliche Therapie erfolgt jedoch als ein Ergebnis, das sich während des gesamten Prozesses realisiert. In diesem Prozeß vollzieht sich Sozialarbeit als Bestandteil einer gesellschaftlichen Praxis, an der sich die Betroffenen beteiligen. Indem sie ihre objektive Lage verändern, verändern sie sich selbst subjektiv. Von daher leitet sich der Begriff „therapieorientierte Sozialarbeit" ab.

Der Ansatz „*therapieorientierte Sozialarbeit*" ist angewandte therapeutische Pädagogik. Aus dem allgemeinen Konzept der therapeutischen Pädagogik sollen für Bereiche der Sozialarbeit geeignete Orientierungsrahmen entwickelt werden. Die Bereiche, auf die sich die therapieorientierte Sozialarbeit bezieht, sind solche, in denen die Aktivierung und Mobilisierung von Adressaten der Sozialarbeit angestrebt wird.

Zweites Problem: Das Wort „*Therapie*" hat in fortschrittlichen Kreisen einen schlechten Ruf. In meinen Seminaren und Gastvorlesungen habe ich immer wieder festgestellt, daß ich mit diesem Ausdruck Mißverständnisse auslöse. Die negativen Assoziationen, die sich mit dem Therapiebegriff verbinden, sind nicht frei erfunden. Sie beruhen auf konkreten Erfahrungen, die zeigen, wie sehr „*Therapie*" entartet ist. Wir sehen einmal von den Problemen der Therapie in der somatischen (= körperlichen) Medizin ab. In der Psychotherapie und insbesondere in der Psychiatrie wird unter Therapie in praktischer Hinsicht eine Behandlung verstanden, die dazu führt, daß der „*Patient*" **angepaßt** wird. Um das Ziel der Anpassung zu erreichen, werden alle Widerstände des Patienten planmäßig gebrochen. Er wird isoliert, stufenweise entkräftet und schließlich entmachtet. Somit ist er aufnahmebereit für das Therapieprogramm, das – ohne seine Zustimmung – aufgestellt wurde. Im

Prozeß der Anpassung spielen Psychopharmaka eine wichtige Funktion. Sie versetzen den Körper und das Zentralnervensystem in einen Zustand, in dem der Patient von den behandelnden Psychiatern extrem abhängig ist. Die systematische Zerstörung der Widerstände des Behandelten kann verschiedene Resultate haben: Der Patient ist bei fortgeschrittener Behandlung völlig angepaßt oder gar gefügig geworden. Er lernt, sein Problem und seine gesamte Lage nicht mit den eigenen Augen, sondern mit den Augen seiner Psychiater, mit den Augen der Institution und schließlich mit den Augen des Systems, das ihn unterdrückt, zu sehen. Es kommt aber auch vor, daß besonders widerstandsfähige Menschen ebenfalls in die Mühlen der Psychiatrie und ihre Therapien geraten. Häufig werden solche Menschen zwangsweise in die Psychiatrie eingewiesen. Ihre Behandlung ist entsprechend besonders brutal. Sie werden mit Spritzen **zwangsweise** voll aufgepfropft, mit Tabletten eingeschläfert und wenn nötig narkotisiert, gelegentlich – wenn die Pharma nicht ausreichen – auch gefesselt und an ihren käfigartigen Betten angekettet. Wir haben bei solchen Patienten wiederholt festgestellt, daß sie in eine Situation gebracht werden, wo sie Selbstmord begehen und zwar bezeichnenderweise, nachdem sie mit bestimmten Psychopharmaka „*vollgestopft*" werden.[9] Der informierte Leser weiß, daß ich hier keine Ausnahme Vorfälle beschreibe. Diese Vorgänge enden natürlich nicht immer mit einem Suizid. Diese extreme Lösung soll lediglich einen Eindruck von alldem vermitteln, was als „*Therapie*" bezeichnet wird. Psychopharmaka brechen den Widerstand des Individuums von innen her. Damit machen sie die physische Gewalt, die für die klassische Psychiatrie bezeichnend war, überflüssig. „*Überflüssig*"? – keineswegs! sagt der informierte Leser und man muß ihm Recht geben. Physische Gewalt in den geschlossenen Anstalten steht auf der Tagesordnung. Auch die pharmazeutische Ruinierung der Subjektivität stellt eine extreme Gewalt gegen Menschen dar. Das alles begründet, weshalb ein fortschrittlicher Sozialarbeiter oder Pädagoge intuitiv einen Horror vor dem Ausdruck Therapie hat.

Zusammenfassung: Die institutionalisierte Behandlung hat sich begrifflich und inhaltlich in Theorie und Praxis ihrem ursprünglichen Zweck als einer therapeutischen Versorgung völlig entfremdet.

---

9 Im einzelnen dazu siehe: Karam Khella, *Wörterbuch der Sozialarbeit, Sozialpädagogik und Sonderpädagogik*, S. 159, Stichwort: Psychopharmaka

„*Therapie statt Strafe*" im Strafvollzug[10]

Disqualifiziert wurde der Therapiebegriff insbesondere dann, als die sozialliberale Bundesregierung im Rahmen ihrer Strafvollzugsreform die Parole ausgegeben hat „*Therapie statt Strafe*". Wir haben uns in Arbeitsgruppen den Kopf über die Einzelheiten dieser „Reform" zerbrochen. Wir sind nach detaillierter Analyse sowohl der Vorschriften als auch der praktischen Anwendung in den Vollzugsanstalten zu den folgenden Ergebnissen gekommen. Im klassischen Strafvollzug (bis zum Beginn der 1970er Jahre) stand der Gefängnisleitung die geschlossene Gruppe der Anstaltsinsassen gegenüber. Die Häftlinge wußten, daß sie in einem Boot sitzen. Innerhalb der Gefängnismauern hatten sie einen gemeinsamen Feind; dieser ist die Institution „*Strafvollzug*" einschließlich des Personals. Sie hielten zusammen und praktizierten eine absolute Geschlossenheit. Niemand „*verpfeift*" den anderen, ohne sich der Bestrafung durch die Insassengemeinschaft auszusetzen. Diese waren unter sich straff organisiert. Sie bildeten eine eigene Hierarchie, wobei oft Machtstrukturen – wie sie sich außerhalb des Gefängnisses abspielten, nunmehr in die Anstalt hinein übertragen wurden. Diese Formen der Geschlossenheit wurden von den Sträflingen nicht nur akzeptiert, sondern auch bewußt praktiziert, da sie einen notwendigen Schutz der Gefangenengemeinschaft gegenüber der Anstaltsbehörde boten. Tatsächlich war die Gefängnisdirektion häufig machtlos gegenüber der dicht organisierten Körperschaft der Bestraften. Die Direktion war vielfach gezwungen, Konzessionen zu machen in Bezug auf die Güte der Speisen, Zustand der Räume, Zusammenlegung von Häftlingen, Unterhaltungsprogrammen, Sport und der gesamten „*Lebensqualität*" im Strafvollzug. Diese Vorteile vermochte die Insassengemeinschaft durch ihre Geschlossenheit zu realisieren. Diese Geschlossenheit war ihre Form der Solidarität unter Haftbedingungen. Diese Solidarität verschaffte den Häftlingen eine Position der Stärke gegenüber der Institution, der sie zur Zeit ausgeliefert sind, nämlich dem Strafvollzug.

[10] Das Schlagwort „*Therapie statt Strafe*" kommt auch im Zusammenhang der strafrechtlichen Verfolgung von Drogenhändlern und Rauschmittelabhängigen vor. Die Problematik von „Therapie statt Strafe" im Zusammenhang der Drogenbekämpfung ist jedoch anders als im Strafvollzug gelagert, *siehe bitte unter* Betäubungsmittelgesetz.

Die „*sozialorientierte*" sozialliberale Koalition (Koalition zwischen SPD und FDP zur Bildung der Bundesregierung) zieht u.a. mit dem Versprechen aus, den Strafvollzug zu reformieren. Dieses Reformversprechen ist auf dem Hintergrund der Knastbewegung seit den späten sechziger Jahren bis jetzt notwendig geworden (wobei übrigens auch die sozialdemokratischen Landesregierungen radikale Säuberung der Anstalten von den Sozialarbeitern durchgeführt haben, die die Forderungen der Gefangenen unterstützt haben). Nun löst die sozialliberale Koalition ihr Versprechen ein durch ein Strafvollzugsgesetz unter dem Slogan „*Therapie statt Strafe*". Was versteht diese Reform unter „*Therapie*"? Hier wendet die sozialdemokratische Regierungsmehrheit eine Grundhaltung an, die auch außerhalb des Strafvollzugs angewendet wird und die nach eigenen Angaben mit dem Motto „*Entsolidarisierung*" zusammengefaßt wird. Im Strafvollzug sieht die Anwendung des Dissolidarisierungsprinzip vor, daß jeder Häftling eine individuelle, d.h. individualisierende Behandlung erfährt. Er kann Straferlasse bekommen, wenn er sich im Sinne der Anstaltsleitung bewährt. „*Bewährung*" heißt die totale Unterwerfung unter die Richtlinien und Verhaltensregeln der Institution Strafvollzug. Jeder Versuch, sich mit anderen Gefangenen zusammenzuschließen um dadurch Forderungen gegenüber der Leitung durchzusetzen, bringt ihn um die Hoffnung, die Haftzeit zu verkürzen; die Haftzeit kann sogar verlängert werden. Haftbedingungen, die ganz individuell geregelt werden, können beliebig aufgelockert oder verschärft werden. Kurz, jeder Gefangene hat sein ganz individuelles Programm. Zusätzliche Bestrafung kann zur lang andauernden Isolationshaft bzw. Einzelhaft reichen. Auflockerungen können bis zu freien Wochenenden mit Besuch der eigenen Partnerin bzw. Partners reichen. Jeder Sträfling sieht sich in eine Situation versetzt, in der er nur ganz individuell Vorteile oder umgekehrt Nachteile für sich buchen. Der Gefangene lernt sehr schnell, welche Vorteile für welche Dienste zu haben sind. Die Gefängnisdirektion erwartet nicht nur Stillstand und Wohlverhalten der Gefangenen. Sie will auch die Sträflinge gegeneinander und die Einzelnen jeweils direkt in den Dienst der Ziele der Strafinstitution einbeziehen. Sie verlangt von ihnen Spitzeldienste. Die Häftlinge müssen nicht nur auf die Solidarität mit ihren Kollegen verzichten, sondern auch gegen diese eingesetzt werden. Sie sollen sich gegenseitig überwachen und ihre Erkenntnisse den Beamten melden. Dafür erhalten sie besondere Belohnungen: Hafterleichterungen, Strafminderung und bezahlte Tätigkeit in der Anstalt. Auch Aufpasser können sie aufgrund „*hervorragender Arbeit*" werden.

Diese „*Reform*" des Strafvollzuges wird mit dem Slogan „*Therapie statt Strafe*" umschrieben. Konsequent berufen die zuständigen Landesminister/-senatoren nicht wie bisher Bürokraten, Verwaltungsbeamte und Juristen in die Anstaltsdirektionen ein, sondern bevorzugt Psychologen u.a., die sich bereits als „*Anstaltspsychologen*" bewährt haben.

Wir fassen zusammen: Unter kapitalistischen Bedingungen ist die fortgeschrittene Entartung der. institutionalisierten Therapie nicht auf einen Bereich beschränkt: In der Medizin wird die Therapie von der Pharmaindustrie beherrscht. In der Psychotherapie findet die Therapie als Anpassung statt. In der Psychiatrie setzt die Therapie auf die totale Entwaffnung des Patienten und die Zerstörung seiner Identität an.

Im Strafvollzug bedeutet „*Therapie statt Strafe*" die Individualisierung des Häftlings, die Entsolidarisierung der Gefangenengemeinschaft und die Einzelnen dazu zu bringen, „*freiwillig*" die Normen des Systems anzunehmen und umzusetzen, auch gegen seine Mitmenschen.

Auf diesem Hintergrund ist es verständlich, daß fortschrittliche Kräfte den Therapiebegriff mit Skepsis hören. Nun müssen wir deshalb auf den Ausdruck verzichten? Gibt es Situationen, in denen Therapie – aus fortschrittlicher Sicht und nach einem ganz anderen Verständnis – erforderlich ist?

Die Notwendigkeit einer Alternative

Nun stellt sich die Frage, brauchen wir in unserer fortschrittlichen Praxis Therapie? Diese Frage wird von einem Teil in etwa mit dem Argument verneint, in einer kapitalistischen Gesellschaft sind alle krank, niemand kann für sich in Anspruch nehmen, dem anderen Therapeut zu sein. Bei diesem Argument wird offensichtlich „*Entfremdung*" als ein allgemeines Phänomen der warenproduzierenden Gesellschaft mit „*Erkrankung*" als einem methodischen störungsspezifischen Ausdruck verwechselt. Eine Verneinung der Existenz von „*Störungen*" und „*Krankheiten*" leugnet die Tatsache, daß benachteiligte Menschen in dieser Gesellschaft nicht nur ganz allgemein, sondern auch in dem Maße ihrer Benachteiligung ganz spezifische Folgen ihrer besonderen Lage zu erleiden haben. Kinder und Jugendliche, die Opfer der sozialen und pädagogischen Unterversorgung sind, tragen die Auswirkungen dieser Unterversorgung als spezifische Störungen wie „*Lese- und Rechtschreibschwäche*", „*geistiges Zurückbleiben und Lernbehinderung*" oder etwa „*Bettnässen*". Einer fortschrittlichen Therapie kommt die Aufgabe zu, solche Mängel zu beheben. Andere erkennen zwar die Tatsache an, daß es „*Störungen*" und „*Erkrankungen*" gibt, lehnen jedoch die „*Therapie*" als Methode oder als ein bestimmtes Fachwissen ab. Die Sorge dieser Therapiegegner ist in gewisser Hinsicht berechtigt, bedenkt man, daß sie nur solche „*therapeutischen Situationen*" kennen, die sie von ihrem fortschrittlichen Bewußtsein her ablehnen müssen. Sie lehnen nämlich mit Recht ein solches Therapieverständnis ab, in dem Ratsuchende entmündigt wird und in dem ein Arzt für sich ein Behandlungsmonopol in Anspruch nimmt.

Wir fassen zusammen: Offensichtlich gibt es eine Reihe berechtigter Probleme, die wir lösen müssen, wenn wir ein fortschrittliches Therapieverständnis entwickeln wollen. Die ersten Bedenken rühren daher, daß der Therapiebegriff auch dort gebraucht wird, wo die Therapie nicht im Interesse der Betroffenen, sondern im Interesse des Systems, das sie unterdrückt, mißbraucht wird. Bestes Beispiel dafür ist die sozialliberale Ideologie „*Therapie statt Strafe*". Die zweite Gruppe von Bedenken sieht die Notwendigkeit von Therapie überhaupt nicht ein oder sie erkennt die Notwendigkeit der Therapie an, sieht aber keine Möglichkeit, sie fortschrittlich zu praktizieren.

Wenn wir nun festhalten, daß die ökonomische und soziale Benachteiligung der arbeitenden Bevölkerung, insbesondere der unteren Einkommensschichten konsequent zu Defiziten, Störungen und Krankheiten führt, dann ist damit bereits die Notwendigkeit von Therapie begründet. Die Tatsache, daß die praktizierten Methoden in der bürgerlichen Medizin, Psychiatrie und Psychotherapie verwerflich sind, veranlaßt uns nicht dazu, die Therapie insgesamt zu verwerfen, vielmehr fordert uns dazu heraus, Alternativen zu entwickeln. Schließlich stellt die Einsetzung der „*Therapie*" für den Zweck, den Widerstand Unterdrückter zu brechen („*Therapie statt Strafe*" sprich „*Therapie als Strafe*") eine Entartung dar, ist aber kein Grund dafür, auf die verhaltenskorrigierende Unterstützung therapiebedürftiger Menschen zu verzichten. Gerade der Slogan „*Therapie statt Strafe*" benutzt deshalb das Wort „*Therapie*", weil es einem menschlichen Bedürfnis entspricht. Der Slogan mutet durch diese Wortwahl fortschrittlich an. Es genügt nicht, den menschenfeindlichen Inhalt des Schlagworts „*Therapie statt Strafe*" aufzuzeigen. Vielmehr müssen wir auch darstellen, wie Therapie im Interesse der Betroffenen auszusehen hat, d.h. wir müssen die Unterschiede zwischen einer Therapie, die kaputt macht, und einer Therapie, die die Betroffenen brauchen, klar machen.

Definition: Als Therapie bezeichnen wir eine störungsspezifische, individuumsbezogene Auseinandersetzung mit dem Einzelnen mit der Absicht, ein Verhaltenskorrektiv zu erzielen.

Wenn wir wissen, warum eine Therapie reaktionär ist, dann wissen wir auch, wie die Alternativen auszusehen haben.

Bürgerliche Therapie	**Fortschrittliche Therapie**
Individualisierung	Zusammenschluß, Bildung tragfähiger Gemeinschaften – Kollektiv
Entsolidarisierung	Solidaritätserfahrung Solidaritätsausübung
Anpassung	Stärkung des Widerstands gegen Unterdrückung und Ausbeutung

Therapeutischer Effekt der therapieorientierten Sozialarbeit

Im Verlauf des Prozesses von der Sensibilisierungsphase an wird man – wie die Erfahrung zeigt – feststellen, daß die therapeutische Wirkung der kollektiven Aktion und Reflexion am Einzelnen sichtbar wird. Die Teilnehmer vermögen es, ihre psychischen Krisen zunehmend zu überwinden: Rückzug, Apathie, Resignation, Depression, Unsicherheit, Angst, suizidale Absichten und die seelischen Folgen der sozialen Isolation werden nach und nach überwunden. Die Orientierung auf ein Ziel, der Optimismus und die Perspektive des Erfolgs ändern im Einzelnen – oft schlagartig – seine Lebenseinstellung. Die Deklassierten entdecken ihre Identität. Sie lernen, sich in Konfliktsituationen zu bewähren. Durch die Auseinandersetzung (die sie gewollt haben) lernen sie es, sich durchsetzen zu müssen, um ihre Menschenwürde zur Geltung zu bringen. Das sind neue Eigenschaften, die sich erst verfestigen wollen. Wir sprechen deshalb gesondert von „*therapieorientierte Sozialarbeit*" und unterstreichen damit die Notwendigkeit von „*Therapie*", weil wir darauf aufmerksam machen wollen, daß man die Persönlichkeitsentwicklung der Aktionsteilnehmer nicht dem Zufall überlassen darf. Der Einzelne in der Gruppe soll auch – zusätzlich zu den allgemeinen Vorteilen der sozialen Aktion einen ganz persönlichen Gewinn erlangen. Er profitiert nicht indirekt sondern unmittelbar. Das individuumsbezogene Ziel der therapieorientierten Sozialarbeit ist die Persönlichkeitsstabilisierung. Deshalb sollen die labilisierenden Faktoren im Lebens des Einzelnen zum direkten Inhalt der solidarischen Arbeitsgruppe gemacht werden. Negative Lebenseinstellungen, geringe Selbsteinschätzung und minderes Selbstwertgefühl sind psychische Probleme, die bewußt angegangen und überwunden werden. Damit fertig zu werden, soll nicht dem Betroffenen allein überlassen werden. Andererseits muß die Gruppe eine bestimmte Festigkeit und einen gewissen Reifegrad erreichen (Gruppenkompetenz), um individuelle Probleme angehen zu können. Dem Fachpersonal in der Gruppe kommt dabei eine gewichtige Funktion zu. Lernziele sind zuversichtliche Grundhaltung, Vertrauen in die eigene Kraft und Entfaltung der Problemlösungsfähigkeiten. Bewährt hat sich die Übung im Erkennen und Lösen von Widersprüchen.

Freilich können wir auch dort die Änderung negativer Verhaltensmuster der Einzelnen beobachten, wo keine spezifische individuelle psychotherapeutische Leistung aufgebracht worden ist. Der therapeutische Effekt tritt durch die objektive Überwindung der sozialen Isolation ein. *Die tragfähigen Beziehungen im Kollektiv und die Solidaritätserfahrung wirken von selbst als Verhaltenskorrektiv.* Erst durch das Kollektiv, den Zusammenhalt und die Solidaritätserfahrung lernen die Menschen, ihre Ängste und Unsicherheiten zu überwinden und ihre Stärke zu entdecken. Durch die praktische und die theoretische Auseinandersetzung mit den gesellschaftlichen Widersprüchen gewinnen die Teilnehmer eine realistische Beziehung zur Welt. Indem sie ihre Lebensbedingungen verändern, verändern sie sich selbst. Deshalb besteht kein „*Zwang*" dazu, individuelle Probleme unbedingt auf die Tagesordnung der Sozialarbeit zu bringen. Direktes therapeutisches Angehen soll Situationen Vorbehalten bleiben, in denen solch ein Vorgehen als erforderlich erscheint.

Vorteile der sozialen Aktion und politischen Arbeit für die Persönlichkeitsentfaltung

1. Die Eingliederung bisher isolierter Individuen in die soziale Aktion wirkt „*selbstbestätigend*" gegen die Folgen der sozialen Isolation.
2. Durch gesellschaftliche Praxis entdecken die Aktionsteilnehmer ihren Stellenwert als historisches Subjekt. Sie erlangen ihre Identität wieder und gewinnen Vertrauen in die eigene Kraft.
3. Kollektive Aktionen lassen persönliche Probleme an „*Fürchterlichkeit*" verlieren. Sie werden auf ihren eigentlichen Wert reduziert und „*nebenbei*" mitgelöst.
4. Nur die kollektive Aktion gewährt die Möglichkeit von *Solidaritätserfahrungen*. Die Solidaritätserfahrung ist das wichtigste Verhaltenskorrektiv.
5. Durch Gruppendiskussionen lernen die Teilnehmer einen Sinn für das Wesentliche zu entwickeln.
6. Die Kommunikationsformen in einer Gruppe mit fortschrittlichen Merkmalen rehabilitieren die Persönlichkeit des deklassierten Menschen. Gegenseitige Achtung, Gleichberechtigung, solidarische Kritik, Zusammenhalten der Gruppe auch bei persönlichen Krisen sind die Voraussetzungen der Rückgewinnung der Selbstachtung und des Selbstvertrauens. Keine Methode der bürgerlichen Psychotherapien ist imstande, diese Voraussetzungen so anzubieten, wie ein solidarisches Kollektiv sie gewährleistet.
7. Unmittelbare therapeutische Wirkung erfahren die Aktionsteilnehmer durch die Rückkoppelung als wichtigstes therapeutisches Element: Rückkoppelung als Verhaltenskorrektiv. Gespräche und solidarische Kritik während der Reflexionsphasen geben den Teilnehmern die Gelegenheit zu erfahren, worin ihre Schwächen bestehen. Durch Rückmeldungen erkennen sie, wie ihr Verhalten bei anderen ankommt. Diese Erkenntnisse bieten ihnen eine sehr gute Möglichkeit der Korrektur.

Zusammenfassung: Deklassierung, das Herausfallen aus dem sozialen, materiellen und kulturellen Zusammenhang der eigenen Klasse bleibt nicht ohne Folgen auf die psychische Entwicklung des Betroffenen. Im Rahmen der Sozialarbeit von unten werden die Adressaten auch psychotherapeutisch versorgt. Wir sprechen daher von therapieorientierter Sozialarbeit. Ihr Ziel ist die Änderung negativer Verhaltensmuster, die eine

Deklassierung begünstigen, durch Deklassierung entstehen oder verstärkt werden.

Solidaritätserfahrung, die durch die gemeinsamen Aktionen realisiert wird, ist das wichtigste Verhaltenskorrektiv.

Stabilisierung der Persönlichkeit kommt zustande insbesondere durch die tragfähige Gemeinschaft, durch kollektive Praxis und die Qualifikationen.

6. Kapitel Konfliktpädagogik contra Anpassungspädagogik

Das Durchsetzungsvermögen und das Eintreten für die eigenen Interessen auch unter schwierigen Bedingungen soll durch die *Konfliktpädagogik* trainiert werden. Das Eintreten für die eigenen Interessen setzt deren Erkenntnis voraus.

In der bürgerlichen Gesellschaft wird der Widerstand nicht geduldet und mit Waffengewalt niedergeschlagen. Die bürgerliche Wissenschaft leistet arbeitsteilig ihre fachliche Funktion darin, den Widerstand von Einzelnen und Gruppen. Der Unangepaßte wird stigmatisiert, der Oppositionelle kriminalisiert und der Abweichende psychiatrisiert. Die bürgerliche Sozialpädagogik versteht sich als eine Institution zur Anpassung (These). Dieser Schule stellen wir eine Alternative entgegen, die *Konfliktsozialpädagogik* (Antithese).

1. Abschnitt Lernziel „Anpassung" in der institutionalisierten Erziehung, Sozialarbeit und Psychiatrie

Beispiel: Anpassungssozialpädagogik

Wenn man Mollenhauer als Beispiel für die institutionalisierte Sozialpädagogik nimmt und die Zielsetzung seines Ansatzes mit einem Wort umschreiben will, so bietet sich die Bezeichnung „*Anpassungspädagogik*" als geeignete Zusammenfassung. Ist es zulässig, den Ausdruck „*Anpassungspädagogik*" auf die bürgerliche Sozialpädagogik zu verallgemeinern einem? Die verschiedenen Schulen der institutionaliserten Sozialpädagogik bezeichnen das Verhalten der Zielgruppen ihrer Arbeit mit Ausdrücken wie „*asoziales*", „*dissoziales*", „*abweichendes*" und „*unangepaßtes Verhalten*". Diese Bezeichnungen drücken zugleich eine pädagogische Zielsetzung aus. Um es mit den Worten von Mollenhauer wiederzugeben, zitieren wir seine Bestimmung der Aufgabe der Sozialpädagogik: „*Die sozialpädagogische Hilfe für die Industriejugend ist daher weitgehend Anpassungshilfe*".[11] Und an einer anderen Stelle: „*Fast in allen ihren Bereichen hat es die Sozialpädagogik mit Anpassungsvorgängen zu tun*".[12]

Die einzelnen Schulen der bürgerlichen Sozialpädagogik gebrauchen für den Vorgang der Anpassung andere Ausdrücke, die zwar nicht sprachlich aber inhaltlich als Anpassung zu verstehen sind. Die wichtigsten dieser Begriffe sind:

1. **Anpassung**
2. **Resozialisation**: Sozialpädagogik habe Stabilisierungsfunktion, Sozialarbeit Resozialisationsfunktion (So auch die Arbeitsgruppe des Beirats der Gesamthochschule Hamburg in seinem Abschlußbericht zur Einrichtung eines Studienganges Sozialpädagogik.)
3. **Rehabilitation**[13]
4. **Eingliederung**: In der bürgerlichen Sozialpädagogik wird der Eingliederungsbegriff nicht wie bei uns, sondern im Sinne Anpassung gebraucht.

Beispiel Psychiatrie

In diesem Punkt ähnlich wie die Sozialpädagogik versteht sich die Psychiatrie. Unangepaßtes Verhalten, insbesondere Protest wird psychiatrisiert. Der folgende Auszug aus dem Lehrwerk **Schulte/Tölle**, *Psychiatrie*[14], bringt offen die Einstellung der bürgerlichen Psychiatrie gegenüber Menschen, die Widerspruch anmelden, zum Ausdruck. Es handelt sich um einen der „*psycho-pathologischen Typen*", die Schulte und Tolle aufstellen. Es demonstriert die Rolle der Psychiatrie als Mittel dazu, Kritik und Opposition als eine Krankheit zu typologisieren und zu behandeln.

---

[11] Mollenhauer 1976, S. 9.

[12] Mollenhauer 1976, Seiten 69-75 (Anpassung); vgl. ausführlicher Khella II 108, Seiten 225-228

[13] siehe Nachschlagwort: „*Rehabilitation*" im Wörterbuch (Band 3)

[14] W. Schulte/R. Tolle, Psychiatrie, Berlin-Heidelberg-New York (Springer) 5. Überarbeitete und ergänzte Auflage 1979

„Querulatorische Persönlichkeiten
Querulanten sind rechthaberische, halsstarrige, fanatische, unbelehrbare, zugleich verwundbare und auf geringfügiges oder auch nur vermeintliches Unrecht empfindlich reagierende Naturen, die stets zum Kampf gestimmt und für den Kampf gut ausgerüstet sind. Sie kämpfen um jeden Preis gegen gesellschaftliche Instanzen um ihr Recht, häufig sogar um das Recht gegen die Gesellschaft überhaupt. Es besteht also ein übersteigerter Gerechtigkeitssinn.
Am Anfang der querulatorischen Entwicklung gab es nicht selten tatsächlich eine Benachteiligung, die unrechtmäßig erfolgte oder doch so empfunden wurde, z.B. eine berufliche Zurücksetzung, eine wirklich oder vermeintlich zu harte Gerichtsstrafe, eine Übervorteilung in der Auseinandersetzung um eine Erbschaft. Gegen das Unrecht wird ein verbissener Kampf geführt, bei dem es weniger um die materielle Wiedergutmachung als um das Rechtbekommen, letztlich um die Gerechtigkeit schlechthin geht. Das ursprüngliche Ziel verliert immer mehr an Bedeutung. Während der Querulant auf sein eigenes Recht pocht, respektiert er das Recht des anderen weit weniger, allenfalls achtet er das geschriebene, gesetzlich geschützte Recht des anderen. Im übrigen aber neigt er dazu, die Belange anderer zu ignorieren.
Hierin und in der Maßlosigkeit des Kämpfens liegt das Abnorme der querulativen Entwicklung. Der Einsatz übersteigt bei weitem den zu erwartenden Gewinn. Das Streitthema wird zur überwertigen Idee. Wenn Querulanten schließlich im Kampf um das Recht unterliegen, so nicht zuletzt deswegen, weil sie im blinden Eifer unrechtmäßige Mittel (Beleidigung und Gewalt) einsetzen und selbst schuldig werden.
Kleists Michael Kohlhaas ist ein Beispiel für die mannigfachen literarischen Darstellungen, die diese Persönlichkeiten gefunden haben. Aus der querulatorischen Fehlhaltung kann in fließendem Übergang ein Querulantenwahn hervorgehen.
Eine ähnliche Entwicklung findet man beim Rentenquerulanten. Auch er glaubt, eine Kränkung durch ungerechte Beurteilung erfahren zu haben, indem angeblich z.B. eine Gehirnerschütterung nicht anerkannt oder ein geringfügiger Befund nicht hinreichend gewürdigt wurde. Der hartnäckige und aggressiv geführte Rentenkampf hat schließlich weniger die Versorgung der eigenen Person zum Ziel als eine Korrektur der Fehlbeurteilung und die

> *Wiederherstellung des Rechtes. Auf der anderen Seite kann formalistisch-bürokratisches Vorgehen der zuständigen Institutionen diesem Streit immer neue Impulse geben und zur querulatorischen Entwicklung beitragen. Psychodynamisch handelt es sich beim Querulanten also um eine ausgeprägte und unbewältigtes Frustrations-Agressions-Problematik.*
> *Fanatiker haben nicht nur, wie die Querulanten, die Durchsetzung ihres Rechtes im Auge, sondern die ihrer Ideen, die sich auf alle Lebensgebiete beziehen können: in der Politik, im weltanschaulich-religiösen Bereich (Sektierer) oder auch auf dem gesundheitlichen Sektor (Vegetarier, Antialkoholiker, Impfgegner). Gemeinsam ist allen die Überwertigkeit ihrer Idee, die dem kritischen Denken entzogen ist, und die Rücksichtslosigkeit bei der Durchsetzung, die Vernachlässigung anderer berechtigter Aspekte und der Verlust des Überblicks über das Ganze. Dabei gehören die meisten von ihnen nicht zu den kämpferischen, sondern zu den stillen Fanatikern, die nicht die Welt verändern wollen, wenigstens nicht revolutionär, aber für ihre Person die Idee kompromißlos verfolgen.*
> *In der Psychotherapie wird versucht, die unbewußte Motivierung aus früheren Versagungen und mißlungenen personalen Kommunikationen aufzudecken. Meist scheitern diese Bemühungen an der Einsichtslosigkeit".*[15]

Dieser Lehre treubleibend lautet eine der gängigen psychiatrischen Diagnosen „*chronisch links*". Es ist nicht schwer zu erraten, was von dieser Psychiatrie als Therapieziel zu erwarten ist: Den „*Patienten*" zu entmachten und seinen Widerstand zu brechen. Daraus leiten wir die Notwendigkeit der Gegenwehr ab: Konfliktpädagogik und Konfliktsozialpädagogik.

Die Strafjustiz geht noch weiter als Pädagogik, Sozialarbeit und Psychiatrie. Unangepaßtes Verhalten und insbesondere Widerstand wird kriminalisiert und nach Umfang des Widerspruchs bestraft.

Schließlich sei noch die Arbeitswissenschaft genannt. Sie versteht eine ihrer Hauptfunktionen in der Bewältigung der Anpassung des Arbeiters an den Arbeitsplatz.[16]

---

[15] ebenda, Seite 97 f.

[16] Ausführlich dazu: Band 1, Teil 1 (2. Auflage); Abschnitt: Arbeitswissenschaft

2. Konfliktpädagogik als Alternative

Die *Konfliktpädagogik* versteht sich als Alternative zur Anpassungspädagogik. Die Anpassungspädagogik erzieht das Kind zur Loyalität gegenüber dem gesellschaftspolitischen System. Sie paßt die heranwachsenden Kinder und Jugendlichen an die herrschenden Normen an und mißt deshalb „*normales Verhalten*" nach diesen Normen. Die Nichterfüllung dieser Normen wird als Devianz, sozial abweichendes Verhalten, Dissozialität oder gar Asozialität aufgefaßt und entsprechend mit Sanktionen bestraft. Fatalste Folge der Anpassungspädagogik ist die Brechung des Widerstandes des Kindes. Dieses Erziehungssystem wird abgelehnt, als Alternative wird ihm die Konfliktpädagogik gegenübergestellt. Die theoretische Grundlage der Konfliktpädagogik ist die Erkenntnis, daß der *Widerspruch* die innere Dynamik für die Auseinandersetzung mit der sozialen Umwelt auslöst. Der Widerspruch darf nicht verdrängt, sondern muß bewußt gemacht werden. Während in der Anpassungspädagogik Lernen ein passiver und individueller Vorgang ist, ist Aneignung in der Konfliktpädagogik ein aktiver und kollektiver Erkenntnisprozeß. Konfliktpädagogik läßt sich definieren als Erfahrung, Reflexion und Lösung von Widersprüchen. Deshalb stehen Erkennen und Handeln, Theorie und Praxis in ständiger Wechselwirkung. Indem die Lernenden ihre Wirklichkeit verändern, verändern sie sich selbst. Erkennen und Lösen von Widersprüchen soll anhand konkreter Beispiele aus der Wirklichkeit und dem Lebensbezug der Lernenden konkretisiert und didaktisch aufbereitet werden. „*Konfliktpädagogik*", „*Widerspruchspädagogik*" und „*dialektische Pädagogik*" sind Synonyme. Die Vielfalt der Begriffe soll lediglich verschiedene Aspekte einer Pädagogik, die gegen die Anpassung gerichtet ist, herausstellen.

Die wichtigsten Aspekte der Konfliktpädagogik sind: 1. Die eigene Situation den Betroffenen *bewußt* machen. 2. Den *Widerspruch* zwischen den Bedürfnissen der Betroffenen und den Interessen des Systems klar herausstellen. 3. Wege und Methoden zur *Wahrnehmung* der eigenen Interessen entwickeln.

Anwendungsbeispiel: Wichtige Ansätze zur Konfliktpädagogik entwickelte Paulo Freire. Die Methode sei anhand eines Beispiels erläutert: Beim Muttersprachunterricht – z.B. im Rahmen einer Alphabetisierungskampagne – lernen die Schüler:

– Das ist mein Haus. 

– Das ist das Haus des Gutsherren 

– Mein Haus ist klein.

– Das Haus des Gutsherren ist groß.

– Warum ist mein Haus klein?

– Warum ist das Haus des Gutsherren groß?

– Mein Haus ist klein, weil wir arm sind.

– Das Haus des Gutsherren ist groß, weil er reich ist.

– Warum bin ich arm?

– Warum ist der Gutsherr reich?

Ja, warum eigentlich?

Durch dieses Beispiel wird den Schülern ein gesellschaftlicher Widerspruch bewußt gemacht. Ist der Widerspruch bewußt, so ist er diskutierbar. Die Diskussion stärkt das Reflexions- und Abstraktionsvermögen der Lernenden. Die Unterrichtseinheit schafft Problembewußtsein, weil sie Fragen behandelt, unter denen die Schülerrinnen und Schülern leiden. Die rhetorische Diskussion läutet gesellschaftliche Praxis ein. Der Unterrichtsstoff ist *nicht formalisiert* wie in der bürgerlichen Erziehung. Im Gegenteil: In der Konfliktpädagogik werden die Lerninhalte diskutiert – d.h. sie wird gesellschaftsbezogen angeboten. Der Unterricht orientiert sich an der Wirklichkeit der Menschen. Er deckt den Antagonismus ihrer Gesellschaft auf und trägt so zur Lösung sozialer Widersprüche bei.

Das oben angeführte Beispiel für den muttersprachlichen Unterricht von Dorfkindern läßt sich beliebig erweitern. Für den Schulunterricht mit Arbeiterkindern ist der Stoff für die Konfliktpädagogik praktisch unerschöpflich. Die Inhalte des Rechenunterrichts orientieren sich z.B. an der Verteilung des Lohns auf Miete, Nahrung, Dienstleistungen (öff. Verkehr, Abgaben, ...). Das Kind erfährt die ökonomische Benachteiligung seiner Eltern am eigenen Taschengeld. Schon in den ersten Schulklassen kann der Widerspruch zwischen den Bedürfnissen der Jugendlichen und die Bemessenheit seines Taschengeldes konfliktpädagogisch aufgearbeitet werden.

3. Konfliktorientierte Sozialarbeit

Das Subsidiaritätsprinzip, der Grundsatz von der Nachrangigkeit sozialer Leistungen und der Sozialinvestitionen, bedeutet in der Konsequenz, daß der Staat nicht vom Primat der Sozialpolitik, sondern vom Primat der Ökonomie ausgeht. Die Klienten der Sozialarbeit stehen also nicht im Mittelpunkt des politischen Interesses, sondern werden an den Rand der Gesellschaft gedrängt und selbst dort nur noch als ordnungspolitisches Problem behandelt (siehe z.B. die Verbindung von Polizeirecht und Fürsorgerecht). Mit dem Anlegen einer Sozialakte oder Jugendakte geht für den Betroffenen der soziale Abstieg weiter, von dem es selten einen Rückweg gibt. Wenn jemand von der Sozialhilfe abhängig geworden ist, bedeutet dies zugleich seine soziale Abwertung. So stellt sich die Frage, welchen Weg fortschrittliche Sozialpädagogen im Angesicht dieser Rolle der etablierten Sozialarbeit gehen sollen. Während die etablierte Sozialarbeit *Anpassung* des Klienten als Erziehungsziel sieht, muß eine alternative Sozialpädagogik die Klienten auf Abwehr und Widerstand gegen für sie feindliche Institutionen orientieren. Dieses Verständnis von einer neuen Funktion demokratischer Sozialarbeit führte zur Herausbildung der konfliktorientierten Sozialarbeit und -pädagogik: Sie trägt dazu bei, die Klienten zu befähigen, sich in Konfliktsituationen, die durch die Wahrnehmung ihrer Interessen entstehen, zu bewähren.[17]

Beispiel: Die Erzieher des Hamburger Massenobdachlosenlagers Berzeliusstraße veranstalteten Exkursionen für die Kinder. Als Ausflugsziele wurden u.a. die Villenviertel z.B. Blankenese gewählt. Mit den obdachlosen Kindern wurde über die unterschiedliche Wohnsituation, ihre Ursachen und die Veränderungsmöglichkeiten diskutiert.

Konflikttraining, d.h. die Widerstands- und Kampfbereitschaft von Betroffenen zu stärken, ist ein Bestandteil der „*Sozialarbeit von unten*".

---

[17] Dazu im Einzelnen: Band 2, Seiten 18-22

7. Kapitel Sozialarbeit und Sozialpädagogik Opfer der staatlichen Gegenreform

Ich wäre ein falscher Prophet, wenn ich über die *Praxis* schreibe, ohne gleichzeitig auf die erschwerten Bedingungen dieser Praxis hinzuweisen und sie bei allen Punkten zu berücksichtigen. Die konkrete Lage bei der Verbreitung von Ideen zu ignorieren, bedeutet Utopismus; er bedeutet, Entdeckung von Ideen für die Zukunft, ohne die materielle Realisierungsgrundlage zu berücksichtigen. Ich bin kein Utopist. Noch gefährlicher als der Utopismus ist der Opportunismus; er bedeutet, vor der augenblicklich herrschenden Situation zu kapitulieren, notwendige Veränderungen mit dem Vorwand zurückzuweisen, die Zeit sei dafür nicht ausgereift, die Realisierung sei unmöglich. Utopismus und Opportunismus sind die zwei Seiten der gleichen Medaille, denn beide ändern an der jetzigen Lage nichts. Das größte Erschwernis für eine demokratische Praxis ist in der augenblicklichen politischen Lage die „*Gegenreform*".

Reform und Gegenreform

Als „*Reformpolitik*" wird die Periode von der Ablösung der großen Koalition 1969 (Koalition aus CDU/CSU und SPD) bis zum Sturz von Willi Brandt 1973 bezeichnet. Diese Periode „*Reformpolitik*" zu bezeichnen, ist irreführend, da der Ausdruck erheblich mißverstanden wird. Es ist nicht damit gemeint, daß in dieser Zeit Reformpolitik wirklich eingeleitet wurde. Vielmehr war es notwendig, den Eindruck von einer unmittelbar bevorstehenden Reformpolitik im Anschluß an die großen Unruhen in der zweiten Hälfte der sechziger Jahre als möglichst glaubwürdig zu verkaufen. Tatsächlich wollte der Staat diese Unruhen „*in den Griff bekommen*" mit Zugeständnissen an die drängendsten Forderungen der Revoltierenden. In der Tat wurden eine Reihe von Maßnahmen vorgenommen, um den Zerfall der Institutionen aufzuhalten und den staubigen Staatsapparat zu erneuern. In keinem Verhältnis zu den tatsächlich beabsichtigten oder real vorgenommenen Erneuerungen steht die offizielle Werbung für die angebliche Reformpolitik der sozialliberalen Koalition SPD/FDP Anfang der siebziger Jahre. Mit großer Propagandashow zog Willi Brandt in die Regierung als *„Reform- und Friedenskanzler"* ein. *Allein* aus dem *Versprechen* einer Reformpolitik leitet sich die Bezeichnung *„Reformpolitik"* her. An irgendwelche ernsthafte Reformen dachte man im Grunde genommen nicht. Im Gegenteil, wer diese Periode der *„Reformpolitik"* aufmerksam analysiert, entdeckt sehr schnell, daß die Reformideologie nur als Fassade dazu diente, um die massivsten staatlichen *„Säuberungen"* in der Geschichte der BRD einzuleiten. Von Anfang an ging die sozialdemokratisch-freidemokratische Regierung offensiv gegen die fortschrittlichen Kräfte und demokratischen Ansätze vor. Mit der *„Reformideologie"* wird den Systemkritikern der Wind aus den Segeln genommen, mit Gesetzen und deren Vollzug sollen die fortschrittlichen Kräfte und ihre Praxisprojekte aus dem Weg geräumt werden. Ziel der sozialliberalen Koalition für die siebziger Jahre war es, mit dem Widerstand, der in der BRD zunehmend erstarkte, fertig zu werden. Als wichtigste Maßnahmen folgten in dieser Zeit: Abbau der Grundrechte und der demokratischen Freiheiten, Brutalisierung der Polizei, die serienmäßigen Terrorgesetze (sog. Gesetze für die innere Sicherheit und Antiterrorgesetze) usw. Eine der ersten Maßnahmen der *„Reformpolitik"* waren die *Berufsverbote durch den Radikalenerlaß vom 28.01.1972*. Wahrscheinlich war gerade ein sozialdemokratischer Bundeskanzler Willi Brandt nötig, um einen so extremen Schlag gegen die Demokratie in Westdeutschland zu richten. Die Kette der reaktionären Maßnahmen riß von da an nicht mehr ab. Unmittelbar danach nahm der Bundestag die Beratung zur planmäßigen Einschränkung der demokratischen Freiheiten auf. Noch im Juni 1972 wurden die vier Gesetze für die *„innere Sicherheit"* praktisch einstimmig verabschiedet. Von da an wurde die Bevölkerung gegen den politischen Widerstand im ganzen Land mit hochentwickelten Methoden der massenpsychologischen Beeinflussung verhetzt. Ein Phantom *„Terrorismus"* wurde konstruiert und damit eine Terroristenhetze in Gang gesetzt. Terrorismus wird gesagt, gemeint aber ist der gesamte Widerstand. 1975 war die Bevölkerung so weit. Der Anspruch einer Reformpolitik ist nicht mehr erforderlich. Die Machthaber gehen nunmehr nicht davon aus, daß die Bevölkerung auf einer Reformpolitik besteht. Damit entfällt für den Staat der Legitimationszwang, reformpolitische Maßnahmen einleiten zu müssen. Helmut Schmidt tritt 1973 seine Regierungszeit offen mit der Forderung an, Abschied von der Reformpolitik (die mehr verbal als real stattfand) nehmen zu müssen. Dies ist die Vorgeschichte dafür, warum wir die Periode seit 1973 als Gegenreform bezeichnen. Die Bezeichnung *„Ge-*

genreform" ist ferner berechtigt, weil von da an, die soziale Demontage massiver wurde. Diese Entwicklung hat noch keinen Stillstand erreicht. Dieser Rückblick darf nicht abgeschlossen werden, ohne einen Grund für die Verschärfung der politischen Unterdrückung zu geben. Die Erklärung dafür hat ein Kenner der Lage zum besten gegeben. Franz Josef Strauß hat u.a. eine Rede gehalten, die aber öffentlich als „*Sonthofener Rede*" bekannt geworden ist (1976). In dieser Rede begründet Strauß, daß die bisherigen Maßnahmen der Bundesregierung nicht ausreichen, „*damit die Bevölkerung das akzeptiert, was wir (CDU/CSU) zur Lösung der Krise als notwendig ansehen*". Das heißt, eine Anti-Inflationspolitik mit Gewinngarantie für die Unternehmen erfordert u.a. immer höher werdende Arbeitslosigkeit. Diese materiellen Folgen der ökonomischen Krise wird eine soziale Krise auslösen, die dann in eine politische Krise – gegen das Herrschaftssystem in der BRD – Umschlagen wird. Diese Zusammenhänge meint Strauß besser und klarer gesehen und verstanden zu haben als andere Politiker. Vor allem aber meint er, besser als alle anderen in der Lage zu sein, ein Programm – wie er so schön sagt – des Krisenmanagements in Gang zu setzen. Dieses praktiziert er auch in Bayern (Massenverhaftungen von 147 Bürgern in Nürnberg am 5. März 1981; Bewaffnung der bayerischen Polizei mit Kriegswaffen und Giftgasen usw.). In Wirklichkeit hat Strauß der Bundesregierung nichts vorzuwerfen. Diese tut das Maximum an innerstaatlicher Repression. Die Terrorgesetze vom Herbst 1977 setzen Notstandsgesetze von geltendem Recht in praktiziertes „*Recht*" um.

Was die „*Anti-Inflationspolitik*" betrifft, so ist die Regierung Schmidts damit nicht sparsam. Das Wort „*Antiinflation*" ist psychologisch gut gewählt. Inhaltlich ist es unzutreffend. Es drückt nur ein währungspolitisches Symptom aus. Es verschleiert gleichzeitig den materiellen Gehalt der beabsichtigten und eiskalt durchgeführten Politik, die von der Arbeiterbewegung treffender in der Formulierung zum Ausdruck gebracht wird: „*Die ökonomische Krise auf dem Rücken der Arbeiter austragen*". Der Ausdruck trifft tatsächlich den Nagel auf den Kopf. Denn der praktische Inhalt der sogenannten „*Anti-Inflationspolitik*" ist nichts anderes, als massenhafte Entlassungen, Abbau der sozialen Sicherung, Kürzungen von Arbeitslosengeld und Arbeitslosenhilfe. Gleichzeitig werden den Unternehmen Investitionsprogramme und „*Konjunkturspritzen*" – aus den auf Kosten der Arbeiter ausgesparten Mitteln – zur Verfügung gestellt. Es fällt auf, daß ***alle*** großen Unternehmen der Bundesrepublik in den härtesten Jahren der Krise in den 70er Jahre Gewinne erzielt haben. Diese Profite sind so hoch, daß sie selbst in den frisierten Bilanzen immer noch mit beachtlicher Dimension erscheinen. Einige wenige Ausnahmen bestätigen die Regel. Nach den Jahresbilanzen hat VW Verluste gebucht. Diese geschäftseigene Berechnung bezieht sich ausschließlich auf die Inlandswerke. Bekanntlich hat VW den größten Teil seiner Produktion in Billiglohnländer verlagert. „*Anti-Inflationspolitik*" ist also der regierungsoffizielle Ausdruck für eine Politik, die den Unternehmen eine Kostenminimierung als Mittel zur Profitmaximierung gewährleistet. Kostenminimierung erfolgt durch Massenentlassungen mittels Rationalisierungen. Die „*Antiinflation*" und „*Sparpolitik*" werden in der BRD seit 1974 mit rücksichtsloser Konsequenz durchgeführt. Von Jahr zu Jahr härter. Ihre brutale Umsetzung wird ideologisch abgesichert durch die staatliche Propaganda und durch die massive Terrorismushetze, die in diesem Zusammenhang dem Zweck dient, vor jedem Widerstandsversuch – hier gegen die „*Antiinflation*" und „*Sparpolitik*" – abzuschrecken. Mit jeder Haushaltsberatung folgen erneute Hiobsbotschaften. Für das Jahr 1981 ist die Ziffer der „*Antiinflation*" mit 20 Milliarden DM (Bundeskanzler Helmut Schmidt am 22.8.1981) angegeben worden. Zwanzig Milliarden ist eine abstrakte Zahl, von der sich der Leser zunächst keine Vorstellung macht, es sei denn er beschäftigt sich intensiver mit der Haushaltspolitik des Staates. Wenn eine Kürzung in diesem Umfang erzielt werden soll und zwar so, wie die Regierung selbst erklärt, aus den Mitteln der Lohnabhängigen bzw. Sozialhilfeempfängern, dann sind das Kürzungen in einem Umfang, den jeder sehr hart zu spüren bekommt. Der Zielbetrag der „*Anti-Inflationspolitik*" schreibt sich so: 20.000.000.000. Um zu wissen, wie groß dieser Betrag ist, muß man sich ausrechnen, wie lange er arbeiten muß, um so viel zu verdienen. Oder – mathematisch identisch – wie viele nicht arbeiten sollen, damit dieser Betrag gespart werden kann (löse bitte die eben angegebene Aufgabe). Die Regierung macht keinen Hehl daraus, wie sie diesen Betrag einzusparen gedenkt. Nicht durch Erhöhung der Vermögenssteuer oder durch andere fiskalpolitische Maßnahmen, die die großen Unternehmen treffen. Betroffen ist ferner weder der Militäretat noch der Haushaltsposten „*Innere Sicherheit*" (Polizei, Überwachung, ...). Um beide finanzieren zu können muß derbundesdeutsche Lohnabhängige auf den Lohn einer jeden fünften Arbeitsstunde verzichten; dieser wird als Steuer abgezweigt. Die Regierung erklärt, wie sie ihre Antiinflation macht: Streichung von Planstellen, wobei der Versorgungsbereich am härtesten betroffen ist – weiterer Abbau der Mittel für Arbeitslose und Kürzungen aller Sozialleistungen. Welche Folgen hat diese Politik für den Sozialbereich:

1. Arbeitslosigkeit bedeutet für die betroffenen Familien materielle Not. Das Deklassierungspotential vergrößert sich;
2. Die Sozialleistungen werden herabgesetzt. Die Betroffenen Familien sinken tiefer in das soziale Elend;
3. „*Einsparen*" von Planstellen im Versorgungsbereich. Die soziale Versorgung wird abgebaut.

Übersetzt man die Begriffe „*Antiinflation*", „*Deflation*" oder „*Sparpolitik*", so bedeuten sie: Massenarbeitslosigkeit, soziales Elend, Beseitigung von verbliebenen Elementen der sozialen Versorgung. So schließt sich der Kreis, die ökonomische Krise bringt ihre sozialen Folgen mit sich. Die ökonomische und soziale Krise löst den Widerstand der Opfer aus. Das System antwortet zum einen mit politischer Unterdrückung, zum anderen mit Versprechungen, die den Systemkritikern sozusagen den Wind aus den Segeln nimmt. Das erklärt den psychischen Zustand der Bevölkerung im bürgerlichen Staat: Sie pendelt dauernd zwischen Resignation und Illusion. Auf den sozialpädagogischen Bereich bezogen hat die Reformideologie bei den Mitarbeitern im sozialen Bereich, bei Studierenden und Hochschullehrern (Projektstudium, Innovation, Handlungsforschung, nicht formalisierte Studiengänge usw.) große Illusionen ausgelöst. Nach der Desillusionierung kommt bezeichnenderweise die große Enttäuschung. Illusion und Resignation sind zwei Seiten derselben Medaille. In einem „Bericht über die Arbeit der Kommission Sozialpädagogik 1978/80"[18] schreibt die „Deutsche Gesellschaft für Erziehungswissenschaft" (GDfE – eine Art Standesorganisation von Hochschullehrern), Kommission Sozialpädagogik über die nichtstattgefundenen Reformen: *„(...) die großen bildungs- und sozialpolitischen Reformvorhaben der 70er Jahre (fanden) ein klägliches Ende*" – noch bevor sie überhaupt zu leben begonnen hatten.

Wir diskutieren die hier angeschnittene Frage von Reform und Gegenreform im Rahmen der engen Grenzen einer sozialpädagogischen Fragestellung. Ich wäre ein Demagoge, wenn ich bei meinen Lesern den Eindruck erwecken sollte, man braucht es nur zu wünschen, Vater Sozial-

---

18 Deutsche Gesellschaft für Erziehungswissenschaft (DGfE), Kommission Sozialpädagogik, Bericht über die Arbeit der Kommission Sozialpädagogik 1978/80, verfaßt von Christian Marzahn, Bremen im Februar 1980

staat sucht nur hilfswillige Kapazitäten! Nun ran! Leider ist es nicht so. Wenn ich andererseits sagen würde: „*Demokratie kaputt – Freiheit kaputt – Sozial-Staat kaputt, es ist wohl nichts mehr zu machen*", so würde ich nur mit scheinkritischer Haltung die derzeitige Systemlosung begründen helfen: *Es hat keinen Zweck, in diesem Land Widerstand zu leisten*. Welchen Anspruch stelle ich nun? Wie oft wiederholt, behandelt dieses Buch nur den bescheidenen Sektor von Sozialarbeit und Sozialpädagogik. Ich habe das Ausgangsprinzip, das weiter oben im ersten Kapitel definiert worden ist, einzuhalten: Sozialarbeit und Sozialpädagogik sind konkrete Aufgaben, die sich aus der Analyse einer konkreten Situation ergeben. Diese Aufgaben haben wir analytisch abgeleitet. Zu deren Lösung ist eine Handlungsanleitung angeboten und praktische Methoden entwickelt worden. Die Methoden der „*Sozialarbeit von unten*" sind auch unter den jetzigen Bedingungen anwendbar. Sie ermöglichen es, soziale Praxis im Dienst der Bevölkerung in Angriff zu nehmen. Packen wir es an.

Der Kampf der Sozialarbeiter und Sozialpädagogen um bessere Versorgung ihrer Klienten und um tragfähige Arbeitsbedingungen ist so alt wie die Institution Sozialarbeit. Aus der neueren Zeit seien nur einige Beispiele genannt. Ende 1969 kommt es zu Sozialarbeiterstreiks in Frankfurt, die von über 1.000 Kollegen getragen werden. Die „*Sozialistische Aktion*" wird gegründet und führt 1970 die Protestbewegung auf dem 4. Jugendhilfetag/Nürnberg; 1972 Massenstreiks an fast allen Fachhochschulen der BRD, 1974 Absage des 5. Jugendhilfetages, um den wachsenden Widerstand der Sozialarbeiter nicht offen werden zu lassen.

Die sozialdemokratische Jugend- und Familienpolitik erkennt, daß sie mit dieser Maßnahme die demokratische Fachöffentlichkeit noch mehr provoziert hat. Sie beruft daher einen sechsten (!) Jugendhilfetag nach Köln (1978) ein, reduziert ihn aber auf eine Wochenendschaustellung. Trotzdem kommt es auch dort zu großen Protestaktionen.

Die Verschlechterung der Arbeitsbedingungen im sozialen Bereich macht es den Sozialpädagogen sehr schwer, ihre Vorstellungen von einer sinnvollen Praxis zu realisieren. In einigen Tätigkeitsfeldern sind die Bedingungen so weit zerstört, daß die Mitarbeiter nur noch mit einem Notplan arbeiten. Blickt man auf die frühen siebziger Jahre zurück, so haben damals Studierende ihre Ausbildung mit großem Enthusiasmus aufgenommen und schauten einem künftigen Arbeitsplatz entgegen, von dem aus sie für sich und ihre Klienten eine nützliche Berufsperspektive versprochen haben. Heute müssen wir leider die gegenteilige Erscheinung feststellen: Im Angesicht der Zerstörung der notwendigen Arbeitsmöglichkeiten, steigenden Zahlen der Klienten, Abnahme der Mitarbeiterzahl, Mangel an brauchbaren Lösungsmöglichkeiten, geben Kollegen auf. Sie wandern in andere Berufe ab. Das Phänomen wird bezeichnet als *„Flucht aus sozialen Berufen"*. Ganze Arbeitsbereiche werden stillgelegt. Fortschrittliche Projekte werden durch Finanzierungsboykott und Berufsverbote ausgetrocknet. All das sind Einzelaspekte der Gegenreform und Sparpolitik.

Welche Konsequenzen ziehen wir daraus: Hinnehmen oder sich wehren? Gibt es einen Bedarf an qualifiziertem Fachpersonal im Bereich der sozialen Versorgung? Ja, es besteht nicht nur Bedarf, sondern Notwendigkeit. Logischerweise leiden die unteren Einkommensschichten mehr als die anderen Bürger unter dem Abbau der öffentlichen Versorgung. Deshalb müssen wir, die in sozialpädagogischer Lehre, Ausbildung und Praxis stehen, für den Wiederaufbau des zerstörten Versorgungsbereichs eintreten. Das müssen wir zum einen als Wahrnehmung eigener Interessen tun, denn dadurch schützen wir unsere Existenzgrundlage, zum anderen müssen wir es im Interesse der arbeitenden Bevölkerung tun, denn durch den Abbau der sozialen Versorgung ist die Arbeiterfamilie, sind die Arbeiterkinder und -jugendlichen am härtesten betroffen. Verstärkt soll die Forderung nach Wiederherstellung der sozialen Versorgung in die Arbeiterbewegung hineingetragen werden, damit von dort aus der Sozialkampf mit ausgefochten wird. Der DGB muß mit eigenen Stellungnahmen, Forderungen und Kampfmaßnahmen zur sozialen Frage antreten. Im Stadtteil soll ein Bewußtsein von der Notwendigkeit der pädagogischen, sozialen und therapeutischen Versorgung im Wohnviertel geschaffen und gestärkt werden.

Weiterqualifikation

Gesellschaftliche Bedingungen liegen den Problemen zugrunde, die eine sozialpädagogische Intervention erforderlich machen. Die sozioökonomischen Bedingungen der Gesellschaft sind aber als die allgemeinen, d.h. übergeordneten Voraussetzungen für den Prozeß, den wir als soziales Elend bezeichnen, zu verstehen. Die allgemeinen Bedingungen wirken sich bei den Betroffenen unterschiedlich aus. Das hängt auch zum Teil davon ab, welche Möglichkeiten der Problemlösung Gruppen und Einzelne aufzubringen vermögen. Es wirken also „*allgemeine*" und „*besondere*" Aspekte zusammen. „*Objektive*" und „*subjektive*" Faktoren stehen in Wechselwirkung. Ich habe mich bemüht, im „*Handbuch der Sozialarbeit und Sozialpädagogik*" (drei Bände) die Dialektik (sprich Wechselwirkung) zwischen „*Allgemeinem*" und „*Besonderem*", „*Objektivem*" und „*Subjektivem*" methodisch richtig zu erfassen. Wer im sozialen Bereich tätig ist, braucht auch psychologische Grundlagen aus fortschrittlicher, historischer Sicht. Das Bedürfnis nach Qualifikation auf diesem Gebiet wird mir gegenüber oft vorgetragen. Ich habe es deshalb für erforderlich gehalten, das „*Handbuch der Sozialarbeit und Sozialpädagogik*" zu ergänzen mit der Arbeit „*Einführung in die Psychologie*". Dieses Buch ist unter besonderer Berücksichtigung der Qualifikation, die zur pädagogischen, sozialen und therapeutischen Anleitung von Kindern, Jugendlichen und Erwachsenen erforderlich ist, geschrieben worden.

Anhang
Betäubungsmittelgesetz
(BTMG)

Die für die Sozialarbeit und Sozialpädagogik bedeutsamen Gesetze, insbesondere das Bundessozialhilfegesetz und das Jugendhilferecht sind im Wörterbuch (= Handbuch Bd. 3) behandelt worden. Im Folgenden sei das neu novellierte Betäubungsmittelgesetz wegen seiner Bedeutung für das Praxisfeld „*Drogenabhängigkeit*" besprochen.

Seit dem 1. Januar 1982 hat das neue Betäubungsmittelgesetz (BTMG) das alte, das am 10.1.1972 in Kraft trat, im Kern aber rund 50 Jahre alt war, abgelöst. Die Bundesregierung war u.a. dazu verpflichtet, die Unterzeichneten und ratifizierten internationalen Suchtstoff-Übereinkommen in die Gesetzgebung der BRD aufzunehmen.

Das Gesetz regelt zum einen die Kontrolle des legalen Betäubungsmittelverkehrs, z.B. beim Handel mit Stoffen und Präparaten, die medizinisch angewendet werden. Demnach unterliegt die Verschreibung von Opiaten den Vorschriften dieses Gesetzes. Es definiert Höchstmengen, die von Ärzten und Zahnärzten für einen Patienten an einzelnen Opiaten zu verschreiben sind und nicht überschritten werden dürfen. Bei der Verschreibung von Opiaten müssen besondere Rezeptformulare verwendet werden.

Zum anderen regelt das BTMG die strafrechtlichen Folgen bei Verstößen gegen das Gesetz und die besonderen Voraussetzungen für die Verordnung von Drogenentziehungskuren (nach dem Schlagwort „*Therapie statt Strafe*") bei „*kleineren*" drogenabhängigen Straftätern. In dem strafrechtlichen Teil des Gesetzes wurde eine Unterscheidung zwischen (sogenannten „*harten*" und „*weichen*") Drogen nicht getroffen. Die Festsetzung der Strafhöhe war bis zu den Abschlußverhandlungen im Deutschen Bundestag Gegenstand von Kontroversen. Schließlich einigte man sich auf die Erhöhung des Strafrahmens für die schwere Rauschgiftkriminalität von 10 Jahren auf bis zu 15 Jahren Freiheitsstrafe, um damit von Rauschgiftdelikten abzuschrecken. Die Strafandrohung für „*leichte*" Drogenvergehen wurde um bis zu vier Jahre hinaufgesetzt.

Das Gesetz sieht Sonderregelungen vor, die darauf abzielen, „*kleine*" drogenabhängige Straftäter zu einer Antidrogenbehandlung zu veranlassen. Diese Maßnahme belegte die Regierungspropaganda mit dem Schlagwort „*Therapie statt Strafe*". Demnach wird in Einzelfällen in Aussicht gestellt, auf die Strafe zu verzichten, wenn sich der Angeklagte einer „*Therapie*" unterzieht. Das Gesetz sieht im wesentlichen folgende Erleichterungen für „*kleinere*" drogenabhängige Straftäter vor: Bei Delinquenten, die zu einer Freiheitsstrafe von nicht mehr als zwei Jahren verurteilt wurden, kann die Vollstreckung der Strafe für längstens zwei Jahre zurückgestellt werden, wenn der Verurteilte sich wegen seiner Abhängigkeit in einer therapeutischen Behandlung befindet oder zusagt, sich einer solchen Behandlung zu unterziehen. Darüber hinaus besteht in den – nicht selten vorkommenden – Fällen, in denen sich ein Betäubungsmittelabhängiger bereits vor seiner Verurteilung einer Therapie unterzieht, die Möglichkeit, von der Anklageerhebung abzusehen, wenn der Beschuldigte nach weist, daß er sich wegen seiner Drogenabhängigkeit seit mindestens drei Monaten in therapeutischer Behandlung befindet und seine „*Resozialisierung*" zu erwarten ist. Auch diese Möglichkeit des Absehens von der Anklageerhebung besteht allerdings nur in den Fällen, in denen keine höhere Strafe als Freiheitsstrafe bis zu zwei Jahren zu erwarten ist. Die Regierung begründete ihre Gesetzesvorlage u.a. folgendermaßen: „*Insgesamt verspricht sich der Gesetzgeber vom neuen Betäubungsmittelrecht mehr Effizienz bei der Kontrolle des legalen Betäubungsmittelverkehrs, bei der Bekämpfung der schweren Rauschgift-Kriminalität und bei der Behandlung drogenabhängiger Straftäter.*"

Der Novellierung des BTMG ging ein breiter Einsatz der Fachöffentlichkeit voraus. Unterschriften wurden massenhaft gesammelt, Resolutionen verabschiedet. Therapeuten, Sozialarbeiter, Lehrer, Hochschullehrer, Betroffene und Eltern beteiligten sich an der Kampagne. Alle Sachpunkte, die von der großen demokratischen Öffentlichkeit geltend gemacht wurden, haben die Herausgeber des neuen Gesetzes so gut wie vollständig ignoriert. Die 2. Novelle (1982) stellt gegenüber der ersten (1972) eine maßlose Verschärfung dar. Dies sei an den wichtigsten Aspekten des BTMG konkretisiert:

1. Innerhalb von 10 Jahren hat sich das Strafmaß in eine – gemessen am Leben eines Menschen – astronomische Dimension bewegt: Von

höchstens 1 Jahr (vor 1972) über 10 Jahre (ab 1972) bis zu 15 Jahren (seit 1982);

2. das Gesetz macht keinen Unterschied zwischen Haschisch bzw. Marihuana (sogenannter ‚weicher' Drogen) und Heroin bzw. Opium (sog. ‚harte' Drogen);
3. die Unterscheidung wird nur quantitativ (nach Mengen des beschlagnahmten und gefundenen Rauschmittels) getroffen. Dabei wird als Grenze für die Schwere des Vergehens die Menge von 30 Konsumeinheiten festgesetzt. Bei wem also mehr als die Menge von 10g Haschisch gefunden werden, ist bereits kriminell.
   Was das BTMG unter *„leichter Kriminalität"* versteht, ist bisher ein nichtstrafbarer Konsum von Drogen gewesen. Die Kriminalität von Banalitäten kann statt der vermeintlich abschreckenden Wirkung die jungen Menschen in die schwere Kriminalität drängen und sie den großen Rauschgiftringen ausliefern.
4. Die Einführung von *„Kronzeugen"*. Kronzeugen hat es bisher in den polizeilichen Praktiken zwar gegeben, sie waren aber nicht legalisiert.[19] Die Verrechtlichung des *„Kronzeugen"* zeigt eine Funktion des neuen BTMG als Vorreitergesetz für geplante Verschärfungen der Schubladengesetze. Zur prozeßtaktischen Funktion von Kronzeugen muß gesagt werden, daß diese in höchstem Maß erpreßbaren Menschen (Aussagen oder zehn Jahre Haft z.B.) sich nicht an die Wahrheit halten, sondern daran, was die Polizei hören will. Sie treten nur auf, um die Polizeiaussagen zu bestätigen. Damit verfügt die Polizei und ihre Interessen zwar nicht formal, aber praktisch über die Justiz. Die Kronzeugenregelung bedeutet Beseitigung von Rechtsschutz der Angeklagten gegenüber der Polizei. Denn die Polizei benötigt Kronzeugen, da es keine anderen Zeugen in ihrem Sinne gibt. Die Kronzeugen sind also die einzigen Zeugen der Anklage. Damit kann man die Gerichte auflösen und die Entscheidung der Polizei überlassen. Die Gerichtsbarkeit wird auf ein forensisches Schauspiel *„zur Wahrung des Rechts"* reduziert.
5. Die Minderung der Qualität des Indizienbeweises hat zur Folge, daß man bestraft werden kann, wenn bei ihm z.B. in seinem Auto Drogen gefunden werden.

---

[19] Die besondere Bedeutung dieser Frage hat der fortschrittliche Rechtsanwalt Uwe Maeffert analysiert. Siehe dazu die empfohlene Lektüre: U. Maeffert, Vernehmung eines Polizeispitzels, mit einem Vorwort von Heinrich Hannover, Hrsg: Republikanischer Anwälteverein, e.V., 1. Auflage 1981

Die Herabsetzung der juristischen Ansprüche an die Qualität der Indizien führt dazu, daß Unbeteiligte, in deren Räumen Drogen gefunden werden, kriminalisiert werden.

Den Sinn eines Härtest-Gesetzes in Verbindung mit Drogen erkennt man am besten aus dem Vergleich zu Staaten, in denen diese Kombination vorhegt. Es handelt sich stets um Terrorregimes, die mit dem Mittel des Drogenverdachtes mißliebige Personen verfolgen, erpressen und wenn nötig einkerkern. Noch bevor das neue BTMG in Kraft getreten ist, wurde bereits demonstriert, was alles damit gemacht werden kann: *„Während der Schriftsteller Werner Schlegel auf der Frankfurter Buchmesse (Oktober 1981) weilte, wurde seine Essener Wohnung von einem schwer bewaffneten Polizeitrupp durchwühlt. Angeblich wegen Rauschgift, doch war nicht einmal ein Suchhund eingesetzt. Stattdessen fehlen jetzt in Schlegels Wohnung Tonbandkassetten, auf denen jetzt der „Aussteiger aus der Terrorszene" Karl-Heinz Plein Beamte des BKA und einen Bundesanwalt beschuldigt hatte, ihm Geld für belastende Aussagen geboten zu haben. Für seine 1.000 (!) Seiten starken Aussagen, die, wie er sagt, zum großen Teil falsch sind, will Plein 33.000 DM vom BKA erhalten haben".*[20] Auch hier ist die Rolle eines Kronzeugen (Plein) praktiziert.

In seiner Selbstdarstellung präsentiert sich das Herrschaftssystem der BRD – im Unterschied zum vorausgegangenen deutschen Faschismus – als Rechtsstaatlichkeit. Am BTMG zeigt sich einmal mehr, wie in bestimmten Bereichen die westdeutsche Gesetzgebung die Nazijustiz – z.B. was das Strafmaß betrifft – übertroffen hat.
Das neue BTMG verschärft eine Tendenz, die bereits bei der ersten Novellierung 1972 eingetreten ist. Nach den Erfahrungen mit dem BTMG von 1972 und dessen Anwendung läßt sich eindeutig feststellen, daß im Gegensatz zu den von der Bundesregierung bei der 1. Novellierung 1972 formulierten Zielen, die großen Händlerringe zu zerschlagen,

- die Konsumenten verhaftet wurden und immer mehr Drogenabhängige in Strafanstalten verwahrt wurden und werden,
- durch massive Polizeieinsätze die örtlichen Szenen zerschlagen und damit die Abhängigen immer tiefer in die Illegalität abgedrängt wurden,

[20] Zitiert nach „Tageszeitung" vom 23.10.1981, Seite 1

- die Kriminalisierung breiter Teile der Jugendlichen und jungen Erwachsenen verstärkt wurde.

Die schwerste Strafe bis zu 15 Jahren erhalten Drogenabhängige, die selbst Dealer geworden sind, um ihren eigenen Konsum zu finanzieren. Es handelt sich also um hochgradig therapiebedürftige Menschen, die durch Polizei und Knäste total ruiniert werden. Das auf höchster Ebene organisierte Verbrechen mit harten Drogen bleibt völlig ungeschoren. Es ist inzwischen kein Geheimnis mehr, daß die weiten Opiumplantagen z.B. in der Türkei nicht von „*kriminellen kleinen Fischen*" sondern vom Großkapital und multinationalen Konzernen kontrolliert werden. Das für Handelspräparate der pharmazeutischen Industrie nötige Opium stammt aus Plantagen, aus denen auch Opium für den Schwarzhandel bezogen wird, für größeren Profit. Während die großen Rauschgiftmonopole dem Zugriff der Strafverfolgung fernbleiben, werden die Opfer der Polizei, Justiz und dem Strafvollzug ausgeliefert. Die Drogenabhängigen werden zum Sünden bock konstruiert. Das Rauschgiftgeschäft floriert. Die eigentlichen Profitmacher bleiben ungeschoren.

Die Auswirkungen des Gesetzes und seiner Anwendung haben die Situation der Drogenabhängigen verschlechtert und auch die sozialtherapeutische Arbeit vieler Drogenberatungsstellen und Langzeittherapieeinrichtungen eingeschränkt und ihren Weiterbestand in Frage gestellt.

Entgegen dem großen Propagandamanöver der Regierung, die 2. Novellierung 1982 des BTMG als großen reformerischen Fortschritt zu präsentieren, ist festzustellen: Das BTMG, das bis dahin als Nebengesetz behandelt wurde, das nicht einmal Zugang in das Strafgesetzbuch gefunden hat, entwickelt sich mit der 2. Novelle zum Gesetz schweren Verbrechens. Ein soziales Problem wird nicht adäquat in Angriff genommen, indem die Ursachen der Drogenabhängigkeit beseitigt werden, sondern indem die Betroffenen zum Sündenbock in die Gefängnisse getrieben werden. Der wachsende Drogenkonsum wird in erster Linie durch die folgenden Bedingungen hervorgerufen:

1. Leistungsdruck und scharfe Auslese an den Schulen. Das Ausbildungsangebot ist entmotivierend und nicht zur Selbstverwirklichung geeignet.
2. Ausschluß großer Teile der Jugend von einer qualifizierten Ausbildung. Die Zurückweisung durch den sozialen und fachlichen *Numerus Clausus* (= Zulassungsbeschränkung) treibt die jungen Menschen

in die Verzweiflung. Lehrstellenknappheit zerschlägt die Hoffnungen der Jugendlichen und zerstört ihre Berufsperspektive.

3. Die beruflichen Tätigkeiten von Jungarbeitern mit Eintönigkeit oder im Akkord zusammen mit anderen Arbeitsbedingungen, die jede Persönlichkeitsentfaltung ersticken, läßt sie keinen Sinn in ihrem eigenen Lebensinhalt erkennen.
4. Vermarktung des Freizeitbereiches, Fehlen von Kommunikationszentren und Einrichtungen, die den Bedürfnissen der Jugendlichen entsprechen, unzureichende Angebote zur sinnvollen Freizeitgestaltung und Mangel an Breitensport.

Die 2. Novellierung des BTMG wurde von der sozialliberalen Koalition vor der Öffentlichkeit als Anerkennung der Forderung *„Therapie statt Strafe"* und damit als entscheidende Rechtsreform gerechtfertigt. Die politische Werbung für das Gesetz steht jedoch in krassem Widerspruch zur Realität: Auf die wachsende Rauschgiftabhängigkeit reagieren die staatlichen Aufsichtsorgane mit Zwangsmaßnahmen im Erziehungsbereich, mit Strafverfolgung, Verwahrung, Knast und geschlossener Psychiatrie. Dieses Vorgehen ist Teil zunehmender politischer Disziplinierung in vielen Lebensbereichen. Viele dringend benötigte therapeutische Wohngemeinschaften werden geschlossen. Die fortschrittlichen Drogenprojekte werden durch Finanzierungsboykott trocken gelegt, die Mitarbeiter zum Teil mit Berufs- und Hausverboten belegt. Parallel mit dem Verabschiedungsverfahren des neuen BTMG wurde z.B. die Zerschlagung bewährter Drogenhilfe-Einrichtungen wie das Therapiezentrum Altona (TZA – Hamburg 1976) vollzogen. Auf der anderen Seite wurde die Jugendpolizei bzw. der *„Jugendsachbearbeiter"* eingeführt.

Zur Rechtfertigung des neuen BTMG-Gesetzes vom 1.1.1982 wird die Losung ausgegeben: *„Therapie statt Strafe"*. Dabei wird offen gesagt, daß beide Maßnahmen *„Therapie"* und *„Strafe"* einander ergänzen, daß beide Maßnahmen notwendig seien:

- Zwar soll sich der Richter bei Verfahren bei geringfügigen BTM-Verstößen für eine Therapie aussprechen können. Was mit Therapie gemeint ist, bleibt jedoch offen. Es kann also auch eine Zwangsbehandlung im Drogenknast sein. Die Strafzumessung wird auf den Zeitpunkt nach der Therapie verschoben;
- Bislang wurde auf Freispruch oder Strafaussetzung zur Bewährung entschieden, wobei in der Bewährung die Auflage zur Therapie oft enthalten war. Die Nichteinhaltung der Therapieauflage durch Ab-

bruch der Therapie bedeutete nicht automatisch den Weg in den Knast. Nach der neuen Regelung ist zu erwarten, daß bei Abbruch der Therapie Knast erfolgt. Denjenigen, die die Therapie durchlaufen, bleibt unklar, welchen Schuldzuspruch sie bekommen.

- Der ohnehin schon bestehende Anpassungsdruck für den Klienten vor Gericht wird durch diese Regelung noch weiter erhöht, die unmittelbare Kontrollmöglichkeit (z.B. durch Anforderung von monatlichen Entwicklungsberichten) der Gerichte über die Therapieeinrichtungen weiter ausgebaut.
- Im Vergleich zur 1. Novellierung hat das neue BTMG die Strafzumessung bei leichten Verstößen von 3 auf 4 Jahre, bei „*besonders schweren Fällen*" auf mindestens 1 bis zu 15 Jahren Strafe angehoben. Für viele Abhängige bedeutet das, daß sie kaum Chancen auf Strafaussetzung zur Bewährung haben. Bei über 2 Jahren Strafzumessung ist ein Verzicht auf die Anklageerhebung ohnehin ausgeschlossen.
- Im BTMG wird das – bis dahin illegal vom Rauschgiftdezernat praktizierte – Spitzelprinzip als „*Kronzeugenprinzip*" nunmehr rechtlich abgesichert. Das Angebot an den Drogenabhängigen, daß das Gericht nach seinem Ermessen Strafe mildern kann, wenn der Betreffende „*auspackt*", wird das Mißtrauen die Konkurrenz und Isolation unter den Abhängigen weiter verschärfen, zu neuen kriminellen Techniken der Großhändler führen und letztlich wieder den Konsumenten in voller Schärfe treffen.
- Die Einführung von Verbrauchseinheiten ermöglicht aufgrund rein formaler Argumentation der Strafverfolgung die Entscheidung über die Zumessung der Strafe durch die Rechtsprechung. Noch bevor die Kronzeugeneinrichtung legalisiert wurde, konnte das Rauschgiftdezernat die vermeintlichen Straftäter den Gerichten beliebig überführen. Seiner Abhängigkeit von der Drogenpolizei bewußt war der Rauschgiftsüchtige gefügig und zu dem ihm nahegelegten Verhalten bereit. Die Auslieferung der Straftäter zur Polizeiwillkür wird mit dem neuen Gesetz verstärkt. Die Erfahrung zeigt, daß durch ein extrem schweres Gesetz (bis zu 15 Jahren!) die Verfolgten erpreßbar sind. Es genügt, daß sie – auch bei objektiv völliger Unschuld – in Verbindung mit Drogen gebracht werden, um sie erpressen zu können.
- Die öffentliche Verherrlichung von Betäubungsmitteln, im geltenden Recht noch Ordnungswidrigkeit, kann jetzt bis zu 3 Jahren bestraft werden. Damit ist ausdrücklich nicht die verherrlichende Werbung

für Produkte der Pharmaindustrie gemeint, obwohl zunehmend mehr Menschen medikamentenabhängig werden.

- Im BTMG verbirgt sich ein weitgehender Angriff auf die auf Anonymität und Datenschutz angewiesenen Drogeneinrichtungen. Das BTMG bietet hier eine Rechtsgrundlage *„durch Rechtsverordnung mit Zustimmung des Bundesrates zu bestimmen, welche Personen und welche Stellen Meldungen, nämlich statistische Aufstellungen, sonstige Angaben und Auskünfte zu erstatten haben ...".*
  Damit können Behörden sich auf eine rechtliche Verpflichtung zur Anforderung von Daten aus den Einrichtungen berufen.
- Therapeuten haben regelmäßige Berichte (monatlich) über den Verlauf der Behandlung zu erstatten. Ein Abbruch der Therapie durch den Klienten muß sofort gemeldet werden. Die Strafverfolgung gegen den Klienten tritt nunmehr in vollem Umfang ein. Damit hat der Gesetzgeber die Voraussetzungen einer totalen Entartung der Therapie zur Überwachung geschaffen. Therapie kann ja nur auf der Grundlage des Vertrauensverhältnisses bestehen. Der therapiebedürftige Mensch sucht nach Einsicht, Überzeugung und uneingeschränkter Freiwilligkeit die Behandlung. Nur bei diesen Voraussetzungen sind eine Therapie und der Behandlungserfolg gewährleistet. Das neue BTMG dagegen baut die Therapie in die Strafverfolgung ein. Der Drogenabhängige weiß, daß er von seinem Therapeuten überwacht wird. Das Vertrauensverhältnis wird zerstört. Im eigentlichen Sinn schafft das BTMG das Therapiewesen ab. Dafür wird eine neue Einrichtung mit dem Namen *„Therapie statt Strafe"* geschaffen, die aber mehr die Merkmale der Strafe und kaum mehr Bestandteile von Therapie hat.

Was tun im Angesicht des neuen BTMG?

Zu resignieren und politisch die Hände in den Schoß legen, bedeutet den völligen Verzicht auf demokratische Rechte selbst in den Bereichen von Beratung und Therapie. Es wird zugelassen, daß die ökonomische Krise mit ihren sozialen Folgen für die Jugendlichen in der Weise gemeistert wird, wie das *Sonthofener Programm* von 1976 es vorgesehen hat. Nicht die Krise und ihre Bedingungen werden angeprangert, sondern ihre Opfer. Die breite Überwachung und die öffentliche Repression schaffen – neben ihren übergreifenden polizeilichen und sozialen Auswirkungen –

weitere Bedingungsfaktoren für den Drogenkonsum. Das BTMG kriminalisiert nicht nur jugendliche Abhängige, sondern auch tendenziell die Mitarbeiter von Beratungs- und Therapiestellen. Denn sie stehen vor der Wahl, sich als Bestandteil der Strafverfolgung aufzufassen, oder sich selbst strafbar zu machen, wenn sie ihre Klienten bei Abbruch der Therapie nicht denunzieren.

Therapie *statt* Strafe wird zur Therapie *als* Strafe. Der Jugendliche weiß, daß er die Therapie nicht freiwillig absolviert, sondern nur als Alternative zur Strafe. Therapeuten, Sozialpädagogen und andere Mitarbeiter haben die Anweisung, eine mögliche Unterbrechung der „*Therapie*" von seiten des Jugendlichen der Behörde sofort zu melden. Das heißt, daß nunmehr das Personal im sozialen Bereich in das System der Strafverfolgung einbezogen wird. Wie kann dabei der therapiebedürftige Menschen zu seinen Betreuern das notwendige Vertrauensverhältnis entwikkeln, wenn er weiß, daß sie ihn kontrollieren und ihn womöglich ausliefern würden? Therapie funktioniert naturgemäß nicht durch Angst und Mißtrauen. Sie verspricht nur Erfolg, wenn der Betroffene sie freiwillig, angstfrei und überzeugt vollzieht. „*Therapie statt Strafe*" ist keine Reform, sondern die Pervertierung der Therapie. Sie wird entstellt zum Mittel der Anpassung, sozialen Kontrolle und Unterdrückung.

Das Wort „*Kronzeuge*" hört sich gut an und ist psychologisch im Sinne seiner Erfinder geschickt gewählt. Dahinter steckt aber nur die Taktik, eine Gruppe von Abhängigen durch die Erpressung eines ihrer Mitglieder aufzustöbern und zu zerschlagen. Wer in der Drogentherapie gearbeitet hat, weiß viel zu gut, wie labil solche Gruppen sind. Da aber die sozialen Beziehungen in diesen Gruppen für ihre Mitglieder wörtlich genommen lebenswichtig sind, ist eine Therapie an der Gruppe vorbei völlig absurd. Das BTMG liefert diese jungen Menschen, die dringend einer Therapie bedürfen und menschlich sehr schonend behandelt werden müssen, der' Polizei aus. Diese hat ein leichtes Spiel: Jeder Polizist kann mit einfachsten Tricks Einzelne an sich ziehen. Dagegen ist eine womöglich bereits eingeleitete Therapie machtlos. Das Kronzeugenprinzip ist nichts anderes als die Verabsolutierung des sozialdemokratischen Regierungsprinzips der Entsolidarisierung. Hier wird es zur Sprengung der Gemeinschaften therapiebedürftiger Menschen: Einer der „*Kronzeugen*" gegen alle, den Rest der Gemeinschaft.

Drogenabhängigkeit ist nur ein Symptom. Die Flucht in die Rauschmittel ergreifen die Jugendlichen, wenn sie sehen, daß ihre Anstrengungen um ein erfülltes Leben sinnlos sind. Während die einen Selbstbetäubung durch Drogen anstreben, versuchen andere die Flucht in den Alkoholismus; andere wählen den Selbstmord oder werden psychisch krank. Das BTMG zielt darauf ab, das soziale Problem des Drogenkonsums nicht ursächlich, sondern durch Bestrafung der Opfer zu lösen.

Im Angesicht der bekannten Situation in den von Drogenabhängigen überquellenden Strafanstalten, den geplanten und zum Teil schon arbeitenden Sonderstrafanstalten für Drogenabhängige und im Zusammenhang der Verschärfung in anderen Bereichen der Sozialarbeit muß sich die demokratische Öffentlichkeit dafür einsetzen, die Kriminalisierung breiter Teile der Gesellschaft zu verhindern. Durch die Kriminalisierung von Krankheiten (Rauschmittelabhängigkeit) und das Grundrecht auf Wohnraum (Instandbesetzungen) wurden im Jahr 1980 3.800.000 Straftaten registriert (in rund 12 Jahren ist im Durchschnitt die gesamte Bevölkerung der BRD im strafbaren Alter auf den Einzelnen bezogen einmal straffällig geworden). Im Zusammenhang betrachtet zeigt sich die heuchlerische, zynische Rolle dieses Betäubungsmittelgesetzes. Denn in keiner Weise schreitet die Regierung gegen das größere Geschäft mit der Abhängigkeit, wo der Markt von der pharmazeutischen Industrie oder den Tabakkonzernen beherrscht ist, ein. Die Medikamentenabhängigkeit ist auch eine Drogensucht, die aber nicht so genannt wird, um den Absatz der Präparate nicht zu beeinträchtigen. Abhängigkeit produzierende Präparate sind u.a. Psychopharmaka, deren Konsum für die Wiederherstellung und Erhalt der Gesundheit selten erforderlich ist. Von vielen solcher Pharmaka kann mit Sicherheit gesagt werden, daß sie gefährlicher sind als Haschisch und Marihuana, deren Konsum nach dem BTMG bis zu mehreren Jahren bestraft werden kann. Legal sind im weiteren die Tabakwaren, von denen man nicht behaupten kann, daß sie weniger gefährlich sind als etwa die „*weichen Drogen*". Die Werbung für Alkohol ist frei, die Opfer sind unzählig. Die legalen Drogen, die Pharmaka, sind durch gezielte Werbung zum täglichen Konsum geworden. Gleichzeitig aber werden die irregeführten jugendlichen Drogenabhängigen verfolgt, bestraft und kriminalisiert. Die Widersprüchlichkeit des Regierungsverhaltens gegenüber Rauschmitteln zeigt sich nicht zuletzt darin, daß die Werbung für Zigaretten und Tabak, die Medien und Straßen überschwemmt, zulässig ist; das, obwohl der Rauschkonsum meistens der Vorstufe Rauchen folgt.

Die Verschärfung des BTMG ist ein Maß für die gesamte Entwicklung des Rechtswesens in der BRD. Zahlreiche Gesetze schränken die freie politische Betätigung ein. Die Kritik bestehender Verhältnisse wird unter Strafe gestellt. Fortschrittliche Sozialarbeit wird be- und verhindert. Der Sozialbereich wird der Strafverfolgung untergeordnet, Planstellen für Sozialpädagogen und Therapeuten werden – bei gleichzeitiger Forderung *„Therapie statt Strafe"* – gestrichen. Bewährte Therapiezentren und demokratische Jugendeinrichtungen werden aufgelöst. Die Abhängigen werden bestraft, die abhängig machenden Bedingungen gezüchtet. Polizisten werden zunehmend in *„sozialen Brennfeldern"* und im Jugendbereich eingesetzt. Wohnungslose Jugendliche, die leerstehende Häuser beziehen, werden wie Schwerverbrecher aus dem Wohnraum vertrieben. Die extreme Haft- und Strafzumessung im BTMG will offensichtlich vorexerzieren, was Straffälligen und Regimeoppositionellen insgesamt droht.

In Bezug auf das Drogenproblem muß gefordert werden:
- die Einstellung aller Maßnahmen von Zwangsbehandlung im Strafvollzug;
- die Schließung der bestehenden Drogenknäste (z.B. Parsberg in Bayern);
- den Erhalt und Ausbau sozialtherapeutischer Langzeiteinrichtungen ohne strafrechtliche Kontrolle;
- die Verbesserung der Arbeitsbedingungen und -möglichkeiten der Beratungsstellen;
- das Zeugnisverweigerungsrecht für alle in der sozialen Arbeit tätigen Menschen;
- die Planstellen für Sozialarbeit und Therapeuten auszubauen;
- die polizeiliche Überwachung der Drogenabhängigen aufzuheben;
- Einstellung von Verfahren gegen Drogenabhängige;
- Amnestie für die bestraften Drogenabhängigen;
- Förderung und Ausbau therapeutischer Wohngemeinschaften und Jugendwohnkollektive.

Diese Schritte bleiben Hilfsmaßnahmen, entscheidend ist das Angebot an qualifizierter Ausbildung und Arbeitsplätzen.

Karam Khella

Literaturhinweise zu Methoden der Sozialarbeit

Einzelfallhilfe

M. Meinhold, Zum Selbstverständnis und zur Funktion von Sozialarbeitern, in: W. Hollstein/M. Meinhold (Hrsg.), Sozialarbeit unter kapitalistischen Produktionsbedingungen, Frankfurt/Main, 1973; S. 44-100

W. Karrenberg, Soziale Einzelfallhilfe – Methoden als Beeinflussungsinstrument, in: H.U. Otto/S. Schneider, Gesellschaftliche Perspektiven der Sozialarbeit Bd. 2, Neuwied 1973; S. 147-168

Gruppenarbeit/Gemeinwesenarbeit

G. Weber, Kritische Anmerkungen zur sozialpädagogischen Gruppenarbeit, in: H.U. Otto/S. Schneider, Gesellschaftliche Perspektiven der Sozialarbeit Bd. 2, Neuwied 1973; S. 169-186

C.W. Müller, Das Dilemma der Gemeinwesenarbeit, in: H.U. Otto/S. Schneider, Gesellschaftliche Perspektiven der Sozialarbeit Bd. 2, Neuwied, 1973; S. 217-222

Victor Gollanz-Stiftung e.V., (Hrsg.), Reader zur Theorie und Strategie von Gemeinwesenarbeit, in: Materialien zu Jugend- und Sozialarbeit 8, Frankfurt/Main; 12/74

Kritische Ansätze

Hollstein, W., M. Meinhold, Sozialpädagogische Modelle – Möglichkeiten der Arbeit im sozialen **Bereich** (Campus) Frankfurt/Main 1977

Jahrbuch der Sozialarbeit 3, Reinbek bei Hamburg (rowohlt) 1979

Aktuelle Übersicht

H. Lambers, Theorien der Sozialen Arbeit, Ein Kompendium und Vergleich, 4. Aufl. 2018

Nachwort

Bei allen Ausführungen habe ich mich um ein Maximum an Wahrheit bemüht. Wenn mir trotzdem Fehler unterlaufen sind, so bitte ich um Nachsicht und solidarische Kritik.

Wenn dieses Buch herauskommt, ist nach bisheriger Erfahrung damit zu rechnen, daß in der bürgerlichen Presse und der ihr gleichgesinnten Fachpresse erneut eine Kampagne gegen mich einsetzt. Es wird versucht, Zweifel an der Glaubwürdigkeit dieser Informationen aufkommen zu lassen. Ich bitte alle Freunde, die ich durch meine Ausführungen überzeugen konnte, mich gegen etwaige Diffamierungen zu unterstützen durch Gegendarstellungen, Leserbriefe oder andere Formen der Auseinandersetzung. Mir ist bewußt, daß ich mit der Kritik an der Sozialpolitik heißes Eisen anfasse. Auch den Lesern möchte ich Mut zusprechen, heißes Eisen anzufassen. Faßt viele heiße Eisen an, sie werden in euren Händen schmelzen wie der Schnee in der Sonne.

Karam Khella, 1982

Karam Khella

Handbuch zur Sozialarbeit und Sozialpädagogik

Einführung in die Sozialarbeit und Sozialpädagogik,
Band I, Teil 1
ISBN 978-3-921866-05-4
555 Seiten, 2. Aufl. 1983
12 €

Einführung in die Sozialarbeit und
Sozialpädagogik, Band I, Teil 2
ISBN 978-3-921866-04-9
555 Seiten, 2. Aufl. 1983
12 €

Einführung in die Sozialarbeit und Sozialpädagogik
Sozialarbeit von unten
ISBN 978-3-921866-45-6
96 Seiten , 1. Aufl. 1982
8 €

Theorie und Praxis der Sozialarbeit,
Band II
ISBN 978-3-921866-00-6
280 Seiten, 2. Aufl. 1980
10 €

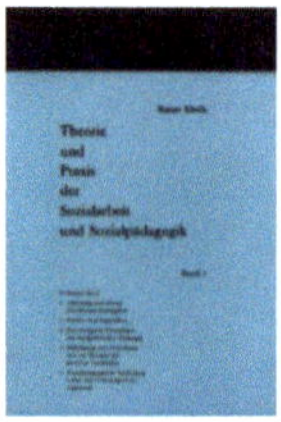

Wörterbuch der Sozialarbeit, Sozialpädagogik
und Sonderpädagogik, Band III
ISBN 978-3-921866-20-0
324 Seiten, 1. Aufl. 1980
10 €

Gesamtes Handbuch zur Sozialarbeit	**40 €**